高等院校重点学科教改创新教程

NVZI 女子防卫术
FANGWEISHU

刘瑞 著

中国商业出版社

图书在版编目（CIP）数据

女子防卫术／刘瑞 著．—北京：中国商业出版社，2016．11
ISBN 978－7－5044－9517－4

Ⅰ．①女… Ⅱ．①刘… ②王… Ⅲ．①女性－防身术 Ⅳ．①G852．4

中国版本图书馆 CIP 数据核字（2016）第 174054 号

责任编辑：蔡凯

中国商业出版社出版发行
010－63180647　www．c－cbook．com
（100053　北京广安门内报国寺 1 号）
新华书店总店北京发行所经销
北京航天伟业印刷有限公司印刷

*　*　*　*　*

787×1092 毫米　开本：1/16　印张：9．25　字数 200 千字　四色彩印
2016 年 11 月第 1 版　2016 年 11 月第 1 次印刷

*　*　*　*

定价：35．00 元
（如有印装质量问题可更换）

前言

《女子防卫术》是专门为没有经过专业训练和培训的一般女性在遇到紧急暴力情况下，适时攻击对方要害部位，以达到解脱和逃离为目的而编写的一本书。

本书主要介绍的是在各种非常情况下，特别是在遭到不法分子正在实施侵害的紧迫情形下，女性朋友应如何调整心态，分析形势并充分运用人体的生理结构特点进行身体防卫。

本书内容重在实用，是由本人多年教学经验的积累编写而成的，融合了女性心理、格斗技巧以及情景模拟等内容的实用性较强的一部综合性女性防卫读物。该书根据广大女性朋友的身体素质特点，特研究出适用于身体素质较弱的女性练习的技法，利用上肢拳、肘、指的技击方法攻击对方要害部位，达到一招制敌的目的；重点利用上下肢的协调配合，对不法分子进行干扰达到解脱的目的。比如一些缠绕、搂抱的动作，以柔道绞技、关节技动作对暴徒进行防范与打击。更重要的是在女性遇到危急情况的时刻无论心里怎么着急，表面都要沉着冷静不乱不慌，这种表现对坏人就有一定的震慑。大脑更要清醒地认识当下局势，与坏人斗智斗勇，瞬间实施攻击，使自己能快速解脱，快速逃离现场。

如果我们一生都没经受过身体伤害，那实在是一件幸运的事。这个世界充满了危险，然而人类已经学会了如何去适应。我们改变自然环境，因而我们所处的大部分环境没有野兽，完善而又具有强制性的法律保护我们免受身体伤害，但我们最大的敌人仍然是人类自己。无论人类如何进化，其固有的攻击性也不会消失。因而需要采用一些有效的方法和理念来进行自我防卫，让自我防卫成为一种常识。

总之，出版本书的目的就是将这些防卫技巧介绍给普通读者，让人们能利用它保护自己。

编者

2016 年 11 月

目 录

第一章

女子防卫术的基本技术原理

一、针对人体薄弱部位进行攻击和逃脱

女子在与侵害人的僵持中，自己一定要用肢体武器发出毁灭性的一击，精确地计算自己出击的有利时机，在攻击者身体失去平衡时，给他又快又狠又准的一击。一般女性首先要示弱，与歹毒的搏斗如果不是专业从事对抗项目的女性，我还是建议大家继续示弱，找准时机对其进行致命打击，迅速逃脱。那就是说在麻痹侵害人的同时要找寻击打对方的机会，一旦防卫格斗展开，无论用身体的任何部位，用任何方法或手段（比如戳、插、掐、踢、膝、肘、砸）对着人体反应敏感、容易造成生理障碍、很快丧失身体正常活动部位进行攻击。如：弹腿撩裆可立即引起剧烈疼痛，使人不能呼吸、不能直立，瘫倒在地；在对方站立时，用脚后跟猛跺对方的支撑脚脚背，可使其跖骨断裂，并因剧痛不能支撑和行走，失去行动能力。

二、针对人体关节进行攻击与逃脱

关节是指骨关节，它是人体骨杠杆转动的枢纽，是肢体赖以活动的部位。关节幅度是指构成关节的骨骼在其关节结构内，屈、伸、旋内、旋外，旋转的最大可能范围，跨过关节的韧带、肌腱、肌肉、皮肤，它的弹性和伸展是有限的。因为，在与对手短兵相接的搏斗中，通过卷、搬、拿、扣、缠、抱、牵、逼、别等方法，对其肩、肘、腕、膝、颈部等弱处造成反关节运动，使其关节受到超生理限度的压迫和打击，会产生难忍的疼痛或脱臼、骨折而失去正常功能，从而丧失侵害能力。

三、利用自身器物、周边可利用物进行防卫反击和逃脱

为了求得自卫生存，什么最有效，就用什么，在危境中可以不择手段。因此，自卫防身没有花招，没有规则，而强调本能的运用，尽可能结合最有效的技术方法反击和防御，以应付任何可能出现的暴力危险情况。因此，在被侵害时，应充分应用身体任何一个关节或坚硬部位作为武器，对侵害者进

行打击。比如头，可以撞击对方的鼻子，手指可以插对方的眼睛、鼻孔。应充分利用周围环境，包括身上，室内、室外的一切物品进行自卫，如伞、笔、包包，可以刺对手、砸对手，达到逃脱的目的。

第二章

女子防卫术的心理学基础

第一节　正确认识女子防卫术

女子防卫术的最终目的不是制服敌人，而是在最短的时间内摆脱挟制，减少伤害，保护自己的人身安全。基于中国传统的教育理念，在过去的认识当中，女性朋友往往把不畏强权，与违法犯罪行为作斗争当作练习防卫术的主要目的，这种错误的认识往往将女性朋友们带入认识的误区，从而在搏斗中错过了最好的逃脱时机。

随着社会认识的进步，女权主义在世界范围内的影响逐步扩大，女性朋友在越来愈多工作领域发挥着自己的作用，在很多方面都能担当起和男子一样的工作任务。在历届奥运会上，众多女子运动员也取得了辉煌的成就，甚至在某些竞技比赛中还取得了比男子更好的成绩，这些都表明了女性在身体素质、运动能力和健康水平上的提高。但是女性朋友切不能因此就错误的认为，自身具有了与违法犯罪分子正面对抗的能力。因为即便是女性的运动能力再强，我们仍然不得不承认，就先天的生理结构而言女性绝对力量是弱于男性的。一般来说女子肌肉不超过体重的35%，男子则是40%～50%，多次科学试验的结果表明，女子上半身的力气只是男子的三分之一，腿的力气是男子的三分之二。因此，这就决定了在诸多需要比拼力量的项目上，女子很难是男子的对手。相比男性，女性最大的优势在于柔韧性好，女子固定关节的韧带、肌腱等机能也都与男子一样，所不同的是固定关节的肌肉力量比男性差，关节的韧带较疏松。这就决定了女性关节较灵活，活动幅度大。因此在紧急情况下，女性朋友首先要考虑的问题是如何保证自身的安全，其次才考虑如何利用自身的生理优势采取有效的抵抗措施，摆脱挟制实现自救。

女性实现自我防卫的前提是，在突发情况下保持好平稳的心态。过度的慌乱和焦虑都会影响人对形势的判断，采用不合理抵抗方式或者完全放弃抵抗从而失去最好的逃脱时机。心理学的研究表明，心理上表现出不安、焦虑、焦急、紧张、恐惧等情绪状态会引起生理上的唤醒水平增高，过度的恐惧会使人无法支配和控制自己的动作行为，出现动作失控、肌肉僵硬等现象。如果在焦虑、紧张、恐惧等情绪出现时能够采用有效的方法给予调整，那么就能很好的克服心理上的障碍，成功地实现摆脱实现自救。

第二节　女性心理特征

女性采取有效的自我防卫的心理基础是积极消除性别心理障碍，培养良好的心理素质，在生活中表现出充分的自信、自立和自强。心理学研究表明，女性在普遍的心理特征上与男性有着明显的差异，在气质、性格和能力上的不同表现决定了女性在遇到突发情况时所采取的态度和行为方式，如果在遇到侵害时胆小怕事，缩手缩脚，缺乏战胜对手的自信心和勇气，势必会使自己陷入被动挨打的境地。因此女性朋友要了解自己的个性心理特征，在日常生活中和社会交往上注意调整和锻炼自己的心理状态，使自己具备良好的心理素质才能在遇到侵害时避免心慌意乱、手足无措，沉着冷静地分析形势找好时机，以达到保护自己的目的。

诸多研究总结出典型的女性特征是：善解人意、优雅整洁、乐于助人，多愁善感脆弱、情绪化、温柔需要安全感等等。然而这种性别特征，更多的是受到了社会价值观念的影响，在传统观念里女性常被塑造为贤妻良母的形象，而把那些工作有成就的女性描述为缺乏女人味的女强人。因此，女性柔弱、依赖、顺从的特质被放大，使得很多女性朋友不能勇敢地表达自己的思想和想法，特别是在体育运动当中不敢或不愿充分地表现自己运动能力，缺乏运动动机，放弃了从事体育运动的机会，导致身体的运动能力逐步下降，进而在犯罪侵害面前失去了应有的抵抗能力。

现代社会女性的自主意识越来越强，越来越多的女性冲破了传统思想的桎梏，勇于表达自己的思想和意愿，也更积极地从事身体锻炼的活动。一项对大学生运动员的研究结果表明，虽然日常男性的自信心明显高于女性，但对于已经取得成绩的优秀运动员，则男女没有差异。这表明当女性掌握了一定的本领、对自己的能力有了清楚的认识后，她们的自我期望值也会相应地提升。

现代女性要提高自我认识，排除外界干扰，正确地进行自我评价。独立人格的培养是女性朋友勇于抗争的关键，女性朋友要积极的树立自己独立的人格，摆脱传统文化中依赖、被动、柔弱、顺从的女性人格特质，不断挖掘自己的潜力，努力做最好的自己。女性自尊构建的第一个方面就是要积极正面的接纳自己的外表、性别，即使没有理想的身材和漂亮的五官，那也是独一无二的自我。其次，女性要淡化社会比较，他人的肯定与欣赏固然能提升人的自尊心和自信心，但是负面的评价也会失人丧失勇气。女性朋友要学会运用自己独立的意志，根据自己的价值观做出独立的判断，对自己的行为主动负责，勇于接受自己的行为带来的结果，这样就能减弱社会比较对自己的负面影响。

第三节　突发情况下调整心理的小技巧

具备了良好的心理素质，在遇到突发情况下，女性朋友们应该学会调整自己的心态，从容应对。在紧张的情况下，大家可以首先调整自己的呼吸，有节奏的缓慢地呼吸可以缓解紧张的情绪，让人僵硬的四肢放松下来。其次，可以使用自我暗示法，通过暗示告诉自己紧张害怕是正常的，并不能因为紧张和害怕我就对目前的状况无能为力，只要能控制好它我就能想办法摆脱眼前的困境。在心理紧张的情况下，语言调节法也能起到很好的作用。在预感到侵害行为将要发生或正在发生时可以高声呼救来引起周围人的注意，大家还可以通过与违法犯罪分子冷静地周旋来消除自身紧张的情绪，也可以通过自我对话释放出心理的压力。另外，可以通过观察周围的环境来克服紧张的心态，一方面可以分散注意力，另一方面还可以帮助我们从周围环境当中寻找到更快摆脱的方法。

在利用自身所学到的技巧实现防卫的过程当中，女性朋友们也要克服焦躁的情绪。有些摆脱的办法也许会不能一下奏效，这时大家要冷静地思考，尝试多种摆脱方式，切不可立马放弃。因为与违法犯罪分子搏斗的过程也是耐心与耐力比拼的过程，胜负的转换往往就在一瞬间，持久的抵抗可以为自己获得更多可获救时间，但在一过程中切记不能刻意激怒犯罪分子。

总而言之，在突发情况下大家要做到不放弃、不妥协，要充分地相信自己，并且要学会以最小的代价来获取最后的胜利。

第四节　女子实现自我防卫的主要策略

沉着冷静，有胆有识

当女性面对犯罪分子时，要有临危不乱的精神和胆略。大多数违法犯罪分子在实施侵害时，其内心是紧张和害怕的，当女性面对歹徒时能保持冷静的心态，在语言表达上铿锵有力，动作表现上稳定自如，表现出大义凛然的气质势，就能给歹徒造成精神压力和心理上的恐惧，进而掌握防卫中的主动权。

审时度势，随机应变

在实现自我防卫时，女性朋友们要及时了解和分析自身的状况，随机采取有效的防卫措施。要清醒地认识到自身的身体姿态和周边环境，包括自己是站、是卧、是前倾还是后仰，周围是怎么样的地形地貌，是否有可以利用的物品来作为武器。同时要随机应变，以逃离危险为第一原则，其次考虑拖延时间行缓兵之计，最后在实在没有其他办法的情况下再考虑防卫反击。

出其不意，攻其不备

一旦要实施正当的防卫，一定要选择正确的时机，如果让罪犯提前查觉就会失去了一招制敌的机会。所谓“攻其不备，出其不意”就是要在敌人没有准备的状况下实施攻击，如果运用得当，它可以变弱为强，变被动为主动。在遇到突发情况时，女性朋友可以先用示弱的方法松懈歹徒的戒备之心，然后突然对其要害进行攻击，能大幅度提高防卫技术的有效性。

乘虚而入，以巧取胜

女性所具有的身体素质和攻防力量与男子不同，在男女体力的对抗上女性通常处于弱势，因此在与男子对抗的时候要讲就以巧取胜。“巧”是指使用力量的巧妙，要学会借力打力，顺势而为；同时也指要打击对方薄弱的部位，抓住眼、口、鼻、耳及关节等身体的绵软部位，力求一招奏效。乘虚而入的“虚”指的是攻击对方没有防备的地方，或者是乘对方力量松懈的一瞬间进行反击，这样往往能出奇制胜。

第三章

女子防卫术中的身体武器及要害

要能使自己的防卫技术运用得准确而有效，首先要了解到人体可以利用的身体武器及要害，一方面能帮助自己在挣扎摆脱中保护到要害部位，减少身体伤害，另一方面也能明确攻击目标，利用人体结构的特点迅速扭转局面，以弱克强。

人体的许多部位都可以作为攻击武器。就女子防卫术而言，主要运用的身体武器是能直接有效地打击歹徒达到解脱目的的几个部位。

一、身体武器

头部

在挣扎摆脱时，用头部的坚硬处撞击敌人的鼻子、眼睛、下颌等部位，能够有效地打击敌人，使其因疼痛而放松力量或者因撞击而失去平衡。用头部攻击的不足在于使用不当会使自己也受到伤害。

牙齿

若双手被制，而敌人的颈部、耳朵、鼻子或面部、手指等部位又靠近嘴部时，可以用牙齿咬住。用牙齿攻击的不足在于不能给予敌人持久的打击效果，运用不当反而会激怒敌人，因此主要用于摆脱逃跑。

手指

手指采用抠、抓、插、扣等方式进攻敌人的眼、鼻、咽喉等部位，不需要用很大的气力就能获得很好的攻击效果。用手指进攻的不足在于手指关节脆弱，容易扭伤或骨折。

掌根

掌根是手掌上肌肉最多的部分，位于腕关节的内侧，这里关节韧带强壮、神经组织较少，用掌根实施击打时既不用担心关节撕裂损伤，也不会有太多的痛感。在防卫术中通常用来击打敌人的下巴、鼻子和颌骨关节。用掌根攻击的不足在于受腕关节的限制，只能用于攻击几个主要的部位。

手肘

手肘是近身搏击当中最常用到的身体部位，通常运用肘关节攻击敌人的面部、咽喉和胸腹部。肘关节打击面积小，便于发力，击打敌人时产生的作用力相对较大，可以造成敌人的重创。用肘关节攻击的不足在于要与敌人近身搏斗，使用不当容易被敌人反制。

膝

运用膝部进行攻击能充分地利用全力气，且动作容易掌握，实施打击的成功率高，是女子防卫术中最主要的身体武器。用肘关节主要攻击的人体部位在裆部和腹部，有时也能利用膝部的力量顶开敌人，不足之处在攻击的范围不够广。

脚

用脚能够攻击敌人的任何部位，且力量足攻击范围广，敌人不易接近。用脚打击敌人的方法有很多，踢、蹬、踹、踩等很有效。用脚的不足之处在于如果使用不当容易被反制。

二、要害部位

在自我防卫当中，女性朋友们要充分保护自身的要害，同时抓住时机攻击敌方要害。人体要害部位有很多，在女人防卫术当中主要攻击的地方能够快速地摆脱歹徒，使其暂时失去压制自己的能力。

头部

头部的要害部位主要有太阳穴、眼睛、鼻面三角区、颏部、耳朵和脑枕部。常用来攻击的部位有眼睛、鼻面三角区和颏部，主要采用的攻击方式是以拳或掌根击打这些部位，用手指戳眼窝。

喉部

喉部的要害部位主要有颈侧动脉三角区、喉结和咽部。主要采用的攻击方式是以拳或掌外侧击打这些部位或以手扼住咽部。轻者可使人暂时休克，重者可导致死亡。

胸腹部

胸腹部的要害部位主要有心脏、肺部、腹前三角区和左、右软肋。主要采用的攻击方式是以拳、肘、膝部击打或者顶压。这些部位受打击面广，并且都包含有内脏器官，一旦受力很容易感觉到疼痛，严重时还会引起脏器的损伤。

腰部

腰部是连接人体上部与下部，维持身体姿态的重要枢纽，特别在后腰处有脾和肾两个重要的器官。常用的攻击方式是以拳、肘、膝部攻击腰椎和腰侧。

裆部

裆部的主要要害是生殖器官，是人体神经最丰富敏感的地方。用力打击这个部位会引起强烈的疼痛。通常采用的攻击方式是以膝、脚顶撞和踢打。

关节

人体的要害关节包括颈关节、肩关节、肘关节、腕关节、指关节和膝关节。常用于摆脱和反制敌人的是肘关节、腕关节和指关节。这三个关节血管丰富，关节外侧韧带较为薄弱，受击打和拧压时容易造成脱臼、韧带撕裂或者骨折。

第四章

女子防卫术的基本手型和步法

第一节　女子防卫术的基本手型

拳

拳是最常用的攻击手型，使用拳来进行攻击力量比较集中，既能重创敌人也不易伤到手指，是防卫当中最简单实用的基本手型。

正确的握拳方法非常重要，否则将会影响到攻击的效果。

动作方法：四指并拢蜷曲紧握，大拇指弯曲紧扣于食指和中指的第二指节处。

动作要点：第一指节要藏于拳心，大拇指不能露出拳面，拳面要平。用拳时手腕关节不要弯曲。

掌

本书当中的掌主要指推挡和砍劈敌人的掌形，主要使用的手掌部位为掌根和掌外侧。

动作方法：四指并拢伸直，拇指弯曲扣于虎口处。

动作要点：大拇指不要外张。

指

本书当中的指主要指剪形指，主要用于插戳敌人的面部要害。

动作方法：食指与中指伸直分开，呈剪刀形，大拇指与无名指、小指相扣。

动作要点：两指水平。

第二节　女子防卫术的基本步法及其练习方法

基本姿势

这里的基本姿态实际上指的是基本站法。无论是防守进攻还是摆脱，首先要使自己的腿部和身体处在一个合理的姿态下，才能有效地发力。身体用力的过程是由腿部到腰部再到上肢，因此正确的站立姿势是实施防卫的第一步。

动作方法：两脚自然开立，与肩膀同宽，重心落于两腿之间，肩部放松，两眼正视前方。

动作要点：肩膀不能上耸，两膝可略为弯曲，脚跟微提，下颌微收。

易犯的错误：肩部紧张，弯腰驼背。

上步

动作方法：基本姿势站立，左（右）脚蹬地，右（左）脚向前迈一步。

动作要点：身体重心平稳移动，步幅不易过大。

易犯错误：身体重心上下起伏，向前迈步不送髋，身体过于前倾。

退步

动作方法：基本姿势站立，左（右）脚向后撤一步。

动作要点：身体重心平稳移动，步幅不易过大。

易犯错误：身体重心上下起伏，向后撤步不收髋，身体过于后仰。

左右跨步

动作方法：基本姿势站立，右（左）脚蹬地，左（右）脚向左（右）侧跨半步，右（左）脚略向左（右）脚跟进。

动作要点：身体重心平稳移动，步幅不易过大，右（左）脚跟进要迅速。

易犯错误：身体重心上下移动，腰部过松，身体左右晃动。

上步转身

动作方法：基本姿势站立，以左脚为轴，右脚向前迈一大步，两脚同时向左转动，身体随之向左后转体 180 度，左脚随之后撤一步。

动作要点：动作连贯，身体重心平稳移动，左脚后撤迅速。

易犯错误：身体重心上下起伏，转体角度不够，左脚落点不准确。

第三节　基本步法的练习方法

准确地做好女子防卫术中的基本步法，要求女性朋友们要更多地注重下肢力量、柔韧和灵敏素质的提高。在平时，我们可以有针对性地做一些难度不高，且有益于下肢身体素质发展的练习。

弓步压腿

动作方法：左（右）弓步脚脚尖正向前方，右（左）脚向后拉伸脚尖向侧前方，以静力控制为主。

动作要点：两肩平行，上体保持正直，前脚膝关节不要超过脚尖。

易犯的错误：身体向前倾，身体侧转。

仆步压腿

动作方法：左（右）腿屈膝深蹲，全脚着地，右（左）腿向侧拉伸，脚尖扣，身体向拉伸腿方向下压，以静力控制为主。

动作要点：屈膝腿全脚着地，不要提脚跟，拉抻脚伸直。

易犯错误：提脚跟，拉伸腿不伸直，身体重心向屈膝腿靠拢。

侧展髋

动作方法：原地提左（右）膝，同侧手抓住脚尖向外展髋，以静力控制为主。

动作要点：提膝腿的膝关节不要超过站立腿，身体可同时外展。

易犯错误：提膝腿的膝关节过前，髋关节不打开。

后展髋

动作方法：原地提左（右）膝，同侧手抓住脚尖向后展髋，以静力控制为主。

动作要点：提膝腿的膝关节不要超过站立腿，身体可同时外展。

易犯错误：提膝腿的膝关节过前，髋关节不打开。

跳的综合练习

跳的综合练习，能有效地提高下肢的灵敏度和力量，也能对人的心肺功能起到良好的锻炼作用。

并腿纵跳

动作方法：两脚并拢，微屈膝下蹲，引臂起跳。

交叉纵跳

动作方法：两脚前后分立，微屈膝下蹲，引臂起跳，落地时两脚前后交换。

跳绳

动作方法：并脚跳，跨跳。

第四节　基本能力练习

拳

练习方法：两脚前后站架，前脚跟与后脚尖距离约同肩宽。左脚全脚掌着地，右脚跟稍抬起，前脚掌着地，两膝稍弯曲，自然里扣，身体重心右移，上体含胸收腹扭臀，拳眼与鼻尖平行。拳置于脖前，两肘自然下垂并稍向里合，下颌内收，目视对方上体。第一指节要藏于拳心，大拇指不能露出拳面，拳面要平。用拳时手腕关节不要弯曲，腿自然弯曲，重心下沉目视前方，蹬腿转髋发力。

图4－1　拳

图4－2　拳

图 4-3　拳

动作要点：握四指并拢蜷曲紧握，大拇指弯曲紧扣于食指和中指的第二指节处。

掌

练习方法：四指并拢伸直，拇指弯曲扣于虎口处。

动作要点：大拇指不要外张 。

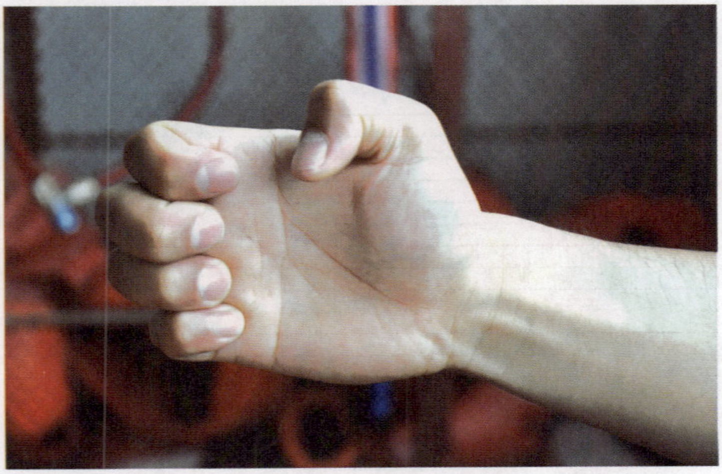

图 4-4　掌

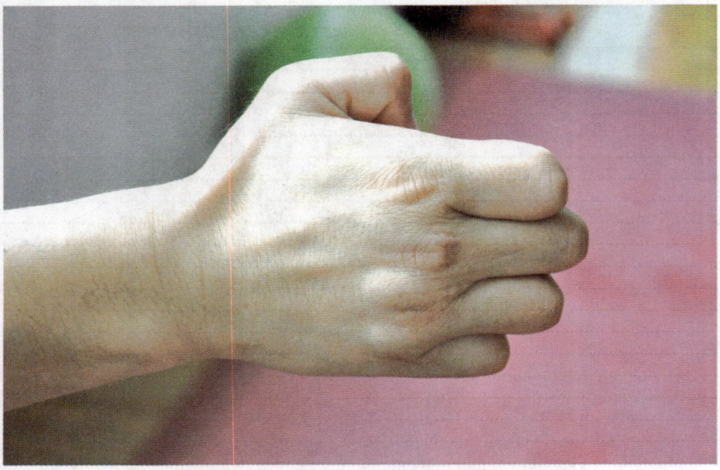

图 4－5　掌

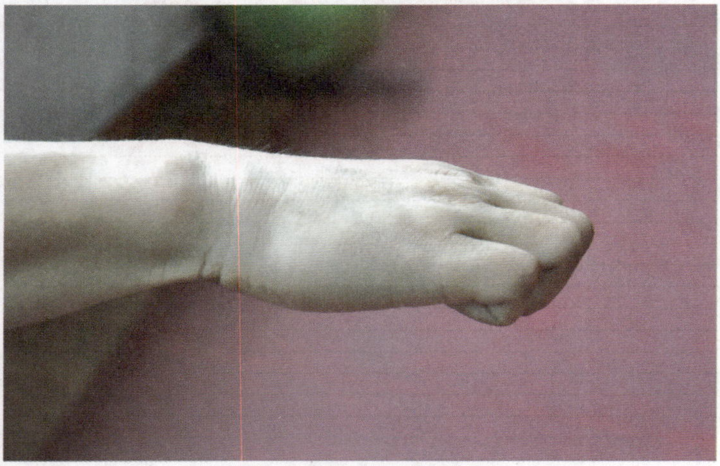

图 4－6　掌

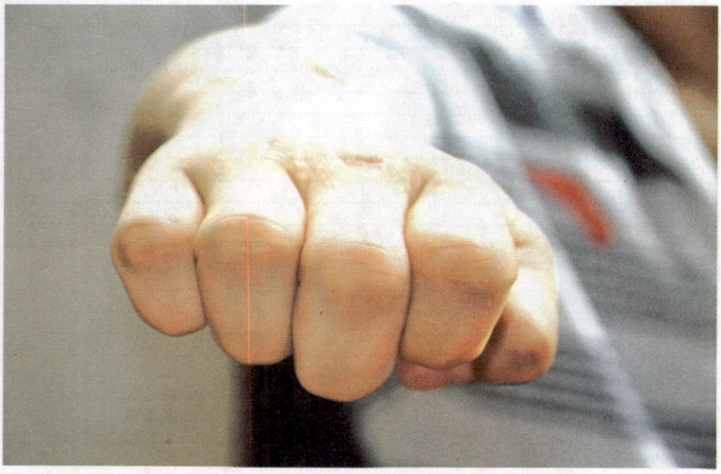

图 4－7　掌

肘

肘部是人体中最硬的部位，在近身搏斗中分摆、挑、擢、砸、砍等技法，具有短、频、快等特点。肘的杀伤力非常大，有“宁挨十拳，惧中一肘”之说。

练习方法：半握拳松，肩松，在接近对方攻击部位的一瞬间，大小臂夹紧，拳松（也可以变拳为掌）力贯肘尖而采取适宜的攻击方法。

动作要点：同时大小臂夹紧与肩平，小臂以上放松、向对手面部平摆出肘，或向下砸击。

图4－8　肘

图4－9　肘

图 4－10　肘

图 4－11　肘

膝

练习方法：小腿回收大小腿之间的夹角小于 90 度，脚背自然下垂或脚尖绷直，挺髋送膝直击对方裆部。

动作要点：挺髋发力，快速向前向上送膝。

图 4－12　膝

鞭腿

练习方法：左鞭腿：在格斗势的基础上，右脚迅速在左脚后垫步，重心移至右脚，左腿屈膝上抬，展髋，以大腿带动小腿向前方横向踢出，着力点在脚踝或小腿胫部末端，踢出的瞬间脚背绷直，鞭腿时，左臂自然下摆，右拳护下颚，右脚跟自然提起外摆，鞭腿后左腿迅速收腿落地成格斗势。右鞭腿：动作与左鞭腿相似，无垫步，右鞭腿后右腿迅速收腿撤步成格斗势。

动作要点：利用扭转腰部和轴心腿产生的惯性力快速踢出，轴心腿与上体保持一条轴线。

图 4－13　鞭腿

图 4－14　鞭腿

图 4－15　鞭腿

弹腿

练习方法：快速抬腿，以大腿带小腿，集力于足，快速出击，快速伸屈，弹如弹丸，击打裆部。

动作要点：大腿带动小腿，足背绷紧。

图 4－16　弹腿

图 4－17　弹腿

图 4－18　弹腿

正蹬

练习方法：两脚前后站架，右脚垫步的同时，左脚提膝上抬至腹前，脚法内勾收紧，脚底朝前方，右膝稍弯屈，两手屈立两肩前，随即伸小腿送髋，使膝前顶，勾紧脚尖，以脚跟及全脚掌为力点，使左腿充分伸展蹬出，高与腹平。

动作要点：重心前移，左腿支撑，右腿提膝上抬，勾脚尖，快速向前直线蹬击，力达脚跟。两臂保持实战姿势，目视前方。蹬腿要送髋助力，保持平衡，收腿迅速。力点准确。

图 4－19 正蹬

图 4－20 正蹬

图 4－21 正蹬

第五章

女子防卫术的基本技术

第一节　解脱

手腕被抓的解脱

动作方法：右手腕部被抓。左手按住对方的手背，右手手腕和左手相夹，向胸部贴住，使对方手腕形成180度反向，左右手在胸部控制住腕部利用身体形成下压形成反关节。

图5－1

图5－2

图 5－3

图 5－4

图 5－5

图 5－6

动作要点：控制手腕。

易犯错误：只用手臂的力量，忽略身体的力量。

手臂被抱的解脱

动作方法：扣手腕，弓步 作站立式起跑动作，向前跑。

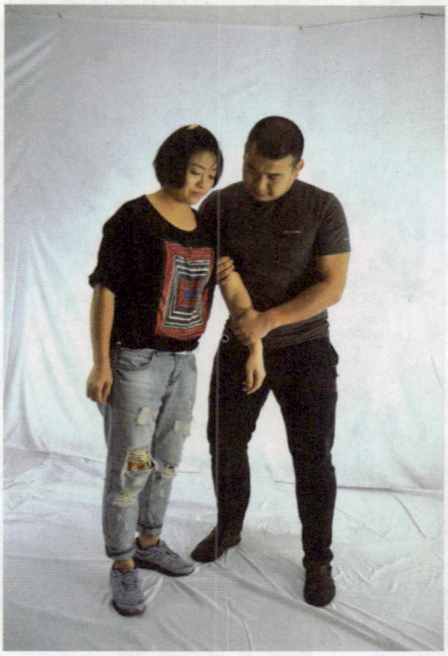

图 5－7

图 5－8

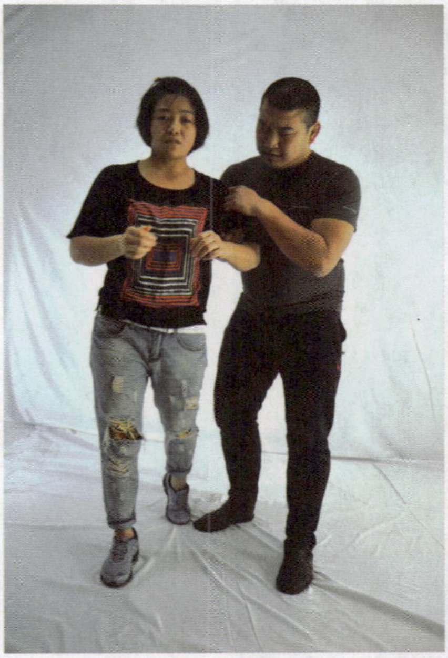

图 5－9

图 5－10

要点：拉手腕和弓步要同时。

易犯错误：拉手腕与弓步不能同时，起跑不坚决。

手臂被抓的解脱

动作方法：平行站立，平行抬肘的同时摸另外一肩头，用肘关节对对方。

图 5－11

图 5－12

图 5－13

动作要点：肩与肘自然抬平行。

易犯错误：只用手臂的力量去挣脱。

脖子被抱的解脱

动作方法：后面被单手抱脖子。用双手抓住对方抱脖子的手指，低头屈膝下蹲，向手臂外沿扳手指，同时上步转身分开。

图 5－14

图 5－15

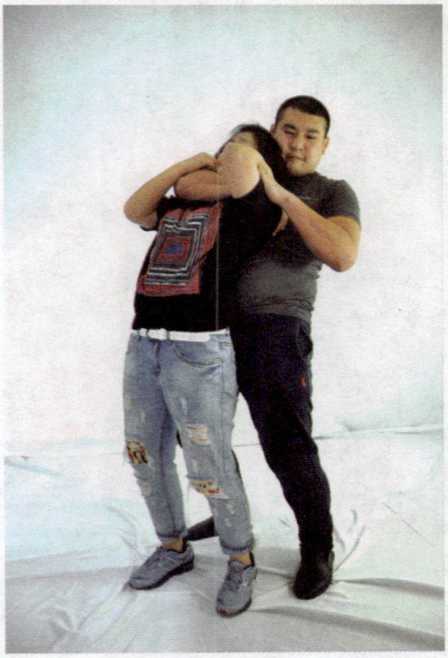

图 5－16

图 5－17

双手扣紧对方手臂，上右步在侵占方身前后倒背、卷。

图 5－18

图 5－19

图 5－20

图 5－21

动作要点：低头的同时快速抓对方的手和肘。

易犯错误：只掰手指，没往回拉肘。

图 5-22

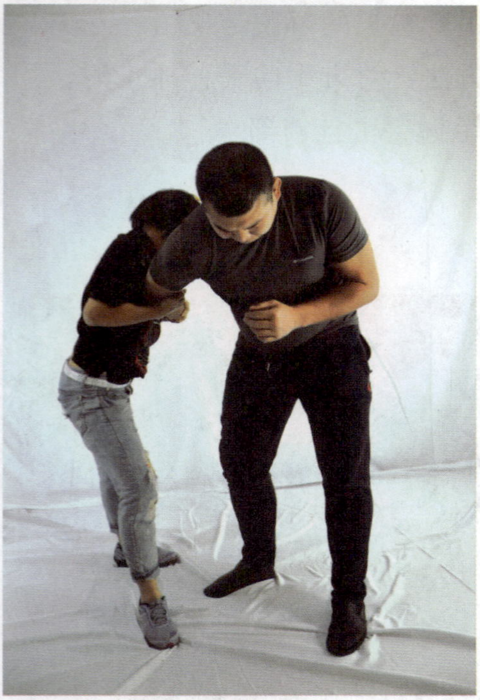

图 5-23

前面脖子被抱

图 5-24

图 5-25

手臂被抓的解脱与反击

方法：对方手向手臂抓来时，用手肘小臂上扬挡住对方手臂，上左步，用右手握手击打挡部。

图 5－26

图 5－27

动作要点：格挡上部坚决，手肘向外扬。

易犯错误：手脏角度，手刀角度。

腰被抱的解脱

动作方法：正面屈膝马步，双手抓对方的裆部。

图 5－28

图 5－29

图 5－30

动作要点：下蹲快，出手快。

易犯错误：动作连接慢。

背面双手被抱在内的解脱

抓住对方裆部，同时用脚后跟踩对方的脚背，防止对方双手打扣，乘机解脱。

图 5－31

图 5－32

图 5－33

图 5－34

图 5－35

图 5－36

背面双平被抱在内的解脱与反击

左肘抬手抬过手顶上步，右手切裆部。

图 5 – 37

图 5 – 38

图 5 – 39

图 5 – 40

图 5 – 41

图 5 – 42

动作要点：抬手上步要快，切要用身体惯性。

易犯错误：手抬不够高，没有空间做动作。

侧面抱腰的解脱

按住腰上对方的手的同时，除拇指外的其余四指伸入对方手外沿，转身解脱。

图 5－43

图 5－44

图 5－45

图 5－46

图 5－47

图 5－48

动作要点：按手要用力控制住，身体是整体发力，肘要巾住。

易犯错误：手容易松，发力易脱节。

胸被抱的解脱

单手抓侵害者除拇指外的其余四指，另一只手抓住自己腕部，沿手臂外沿跨步抬肘与肩平行，形成正面。

图 5－49

图 5－50

图 5－51

图 5－52

图 5－53

动作要点：抓手动作要快，狠。

易犯错误：只用手臂发力。

正面躺倒的解脱

躺倒的过程中身体形成虾状，在倒下的瞬间用脚蹬其正面、尺骨桡骨或裆部。一只手作拳击状，另一只手按在地上支撑乘机转身爬起，形成对面。

图 5－54

图 5 – 55

图 5 – 56

图 5 – 57

动作要点：倒地的瞬间侧落地。

易犯错误：直接正面躺倒。

反面躺倒的解脱

在趴在地上的过程中身体侧成弓状，一只手肘撑地，一只脚和臀部挨地，另一只脚侧蹬，发力起，转向形成面对。

动作要点：倒地瞬间成侧倒。

易犯错误：倒地没侧身，没有攻击能力。

图 5－58

图 5－59

图 5－60

图 5－61

第二节　解脱接反击

手臂被抓后解脱与反击

手臂被抓后，被抓手臂抬与肩齐，同时未被抓手臂一边立即撤步 180 度转向，利用旋转力，用未被抓手臂背面反击拍打对方的耳根，或脖子。

图 5－62

图 5－63

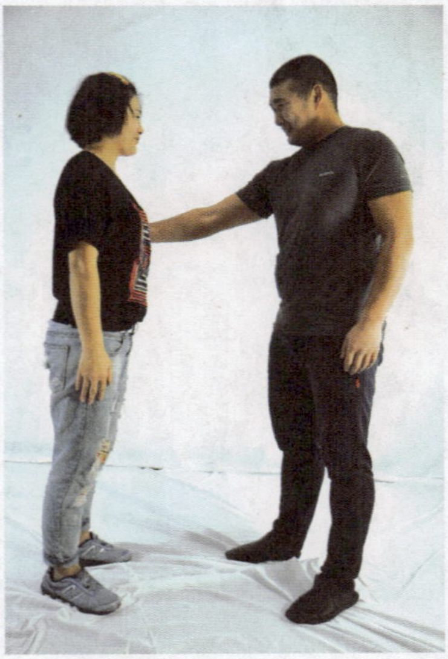

图 5－64

图 5－65

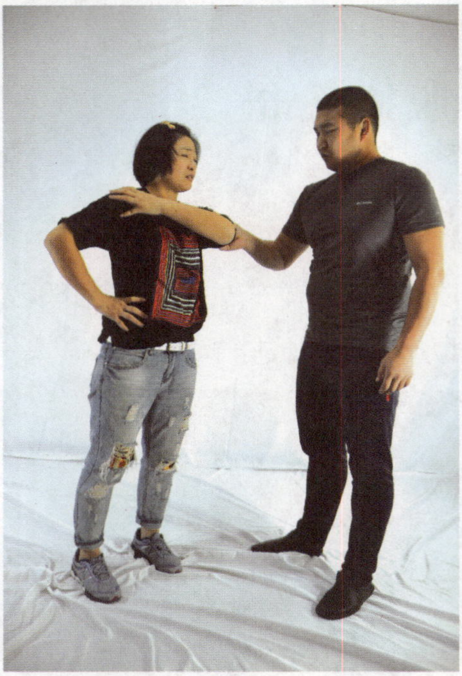

图 5－66

图 5－67

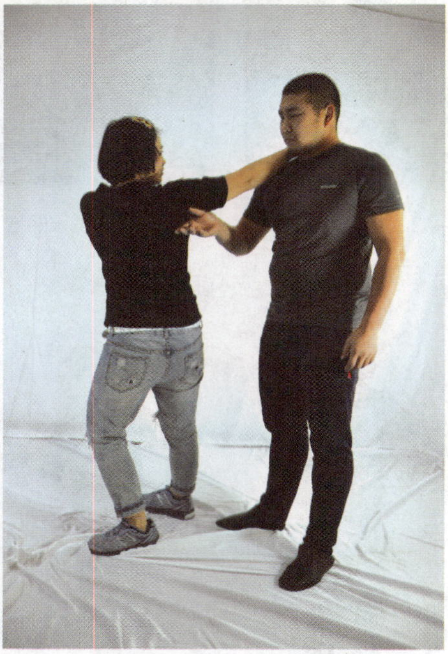

图 5－68

动作要点：撤步，利用身体自然旋转的力量反击对手。

易犯错误：不撤步，直接发力。

脖子被抱的解脱接反击

脖子被抱后的一瞬间用臀部去撞击对方的裆部，同时用手抓住除拇指之外四根指头，沿手臂外沿向前跨步转身，形成面对面。同时把侵害方手固定在胸前，然后插入一只脚放在对方裆部下，形成弓步后，转头看自己的后脚跟。

图 5－69

图 5－70

图 5－71

图 5－72

图 5－73

图 5－74

图 5－75

图 5－76

动作要点：手抓紧，上步背步要快、稳。

易犯错误：自己重心不稳。

腰被抱的解脱接反击

正面手被抱在内。头撞击，提膝击裆。同时双肘向肩部平齐，脚踹开对方或肘部击打对方眼睛。

图 5－77

图 5－78

图 5－79

图 5－80

图 5－81

正面手被抱在外。

1. 推下巴，迅速掰手指解脱，使用手掌跟砍对方的脖子。

图 5－82

图 5－83

图 5－84

图 5－85

图 5－86

2．用肘顶住侵害方的咽喉，撤步迅速掰手指解脱，用肘还击。

图 5－87

图 5－88

图 5－89

图 5－90

图 5－91

图 5－92

3．双风灌耳。

图 5－93

图 5－94

4．用手插入两人之间的肚脐，撤步转身看脚后跟。

图 5－95

图 5－96

图 5－97

图 5－98

图 5－99

动作要点：撞头的同时快速连接提膝。

易犯错误：提膝的方向、步伐要稳。

腰反面被抱双手在内

1．身体下蹲马步，双肩一个上、一个下，手肘一个上抬、一个下压，当有足够空间时上抬手肘立即伸直击打裆部。

图 5－100

图 5－101

图 5－102

2．抓捏裆部。

3．左手抓侵害者右手，向左后方转体解脱，解脱时右手内弯抬高侵害者肘部，在转体时形成十字交叉，同时切侵害者肩部，腿插入裆部下，形成反关节。

图 5－103

图 5－104

图 5－105

图 5－106

图 5－107

图 5－108

动作要点：下蹲的同时左肩膀上提和下沉右肩膀。

易犯错误：上提、下沉不够快。

胸被抱的解脱接反击

1. 前额撞击侵害方，同时双肘上扬，提膝攻击裆部。

图 5－109

图 5－110

2. 双手被抱在内，侵害方抱的同时，被抱左手反拉住侵害方的手臂，另一只手直接上抬反握肩，转体背步把对方摔出去。

图 5－111

图 5－112

图 5－113

图 5－114

3．前额顶住侵害方下巴，双手在侵害方腰部搭扣，同时上右脚在侵害方两腿之间，双手往回收，头部用力向前下方顶，让侵害方往后折倒。

图 5－115

图 5－116

图 5－117

图 5－118

动作要点：撞击要快，手要抓紧，上大步至对方两腿间。

易犯错误：动作容易脱节关顶和上步回拉不协调。

正面躺倒的解脱接反击

躺倒时成虾状，提臂 90 度，双手抓住两手臂内衣物，倒地瞬间抬小腿。弹击裆部，让侵害方从身体上方前滚过去，形成正面后脚踩其头部。

图 5－119

图 5－120

图 5 – 121

图 5 – 122

图 5 – 123

图 5 – 124

图 5 – 125

图 5 – 126

动作要点：时机在倒地瞬间，动作要快借力打力，身体躺到时收腹，提膝至腹部，然后蹬腿侵其要害：膝盖、小腿、裆部、腹部、头部。

易犯错误：向前的发力不一致。

正面趴倒的解脱接反击

双手抓侵害方，右手抓住对方的右手臂，在倒地时身体从侵害方肋下钻出，肩部发力翻滚行成卷，向侵害方正侧前方卷，形成侵害方躺倒你在上的姿态，然后迅速形成站立，踩侵害方头部、颈部或在发力翻滚时，左手拿出，抱侵害方腰部，向左后方发力，绊倒，或让侵害方双脚离地，摔倒。

图 5－127

图 5－128

图 5－129

图 5－130

图 5 - 131

图 5 - 132

图 5 – 133

图 5 – 134

图 5 – 135

图 5 – 136

动作要点：大胆地往后倒，转体要快，肩膀顶住对方的胸口，抱紧手臂。

易犯错误：肩膀容易转出来。

反面抱腰趴到的解脱接反击

1．双肘支地，右肘拧身击打侵害方头部，膝盖支地立即转身起立，形成正面，左脚踢侵害方裆部。

图 5－137

图 5－138

图 5－139

图 5－140

图 5－141

图 5－142

动作要点：支撑点要稳，肘发力要狠，拧身起立要快。

易犯错误：直接趴下手肘没有支撑。

2. 后腰被抱。身体下沉，左手抓住侵害方四个手指，同时拧身抬肘击打侵害方头部或者太阳穴，然后迅速跨右步 180 度转身，形成正面。同时反方向抓住。要点：转髋蹬腿要稳，身体旋转发力要狠。

图 5－143

图 5－144

图 5－145

图 5－146

3．手臂后腰被抱。被抱者身体重心需下沉，可伸手抓、握、提对方的睾丸，因对方注意力在上部，很有隐蔽性，控制后立即形成正面或逃离。

图 5－147

图 5－148

图 5－149

图 5－150

图 5 - 151

图 5 - 152

图 5 - 153

动作要点：反手掏，务必准确。

易犯错误：直接去掏，身体忘记下沉。

被抱单腿的解脱接反击

1. 用小臂处沿压住侵害方头部向后蹬腿，抓侵害方手指不让其两手大扣，蹬腿作半圆旋转，使侵害方两腿跟不上、头抬不起来，形成侵害方趴倒、头被按在地上的姿态，踢其颈部。

图 5－154

图 5－155

图 5－156

图 5－157

动作要点：压头要狠，蹬腿发力要猛，蹬腿旋转要快。

易犯错误：未蹬腿，未投髋，按压头部不够坚决。

2．用单手扣住下巴或者脖子，另一只手从肋下按住自己方大腿，蹬腿拧身，另一只未被抱的腿 180 度背步形成弓步拧身发力，看自己后脚跟，让侵害方随身旋转后再身前躺倒。

图 5－158

图 5－159

图 5－160

动作要点：发力要狠，抓握要稳，杠杆力要体现。

易犯错误：蹬腿髋关节没往下压。

3. 蹬腿单手扣住脖子，另一只手从胳肢窝穿进去在喉部打扣然后把侵害方手下压至髋部，伸腿至侵害方两腿之间向后挺髋发力，使侵害方整个身体腾弯、翻滚、仰躺，己方跟上双手扣紧，髋压住，形成僵持，让侵害者休克。

图 5－161

图 5－162

图 5－163

图 5－164

动作要点：打扣为掌心对掌心，一个食指扣大拇指外沿、一个扣小手指外沿，在僵持状态手打扣要紧，挺髋要狠，一次发力过不了就多发几次。

易犯错误：控制不住对方的头，夹不住咽喉。

双腿被抱的解脱接反击

1．蹬腿，挺髋，右手从内抄住侵害方左胳膊，左手下压侵害方右胳膊，然后突然上右步90度拧身转体，看后脚跟，使侵害方摔成正面躺倒，从肘部或拳或脚击打喉部或头部。

图5－165

图5－166

图5－167

图 5 - 168

图 5 - 169

动作要点：蹬腿要快，抓握要紧，拧身上步要快狠。

易犯错误：手把未抓紧，掀的力量发力不充分。

2. 蹬腿，按头，另一只手去扣臀部，蹬腿时作半圆旋转，使侵害者失去重心让侵害方趴下，攻击颈部、头部。

图 5－170

图 5－171

图 5－172

图 5－173

动作要点：蹬腿旋转要快，压头要狠，手和腿形成杠杆。

易犯错误：只蹬腿不挺髋。

第三节　迎击

拳的迎击接反击

侵害方右直拳攻击，己方身体向左前倾斜，左手抱怀低头，右手随身体倾斜时出拳击打对方面部。

图 5 – 174

图 5 – 175

图 5 – 176

动作要点：当身体倾斜，左手抱怀是向侵害方拳头迎上去的，要克服害怕心理，发力时要运用身体整体力量。

易犯错误：害怕往后退。

侵害方直拳攻击

己方肘与肩平齐，迎侵害方拳头出去，另一拳头待拳，肘碰撞过去后，直接击打面部。

图 5－177

图 5－178

图 5－179

图 5 - 180

图 5 - 181

动作要点：肘尖对拳锋要准。

易犯错误：肘抬过高或太低。

腿的迎击接反击

侵害方正蹬腹部或头部，己方侧身，手从侵害方小腿下抄住对方腿然后迅速放肩上在侵害方膝盖处打扣，用力往怀里收，同时向后或左右移动，让对方身体失去重心倒地后，己方攻击头部、裆部。

图 5 - 182

图 5 – 183

图 5 – 184

动作要点：抄腿时不能超过膝盖，打扣要紧，移动要稳。

易犯错误：把对方的重心放在自己身上。

侵害方鞭腿打击头部

己方下蹲出右拳攻击侵害方裆部，或下蹲迅速转身与侵害方拉开距离。

图 5－185

图 5－186

图 5－187

动作要点：快速下蹲，出拳要快。

易犯错误：害怕，犹豫错失反击的最佳时机。

侵害方鞭腿打击左腰部

己方提膝挡，同时左手臂扣住侵害方小腿跟腱处，左腿落地上右步放在侵害方左后腿处，右手推侵害方咽喉，将其摔倒控制。

图 5－188

图 5－189

动作要点：手要紧要稳，受打击时保持自己重心，破坏对方重心。

易犯错误：站在原地处理。

侵害方鞭腿打左小腿

己方上左步，出左手挡叉对方双眼。

图 5－190

图 5－191

图 5－192

动作要点：上步要坚决，手要狠，受打击时重心要稳。

易犯错误：动作犹豫。

器械的迎击接反击

凳子砸过来时：1．首先判断距离是否可以跑开；2．若无法闪避时，看身边是否有器械可拿起与侵害方对碰；3．上步，双手上扬作虎扑状，按住侵害方肘部，靠上步冲击力按倒侵害方，或上右步绊倒侵害方，上右步至侵害方右后脚跟处绊倒侵害方。

酒瓶1．、2．同上，3．己方双手交叉用小臂交叉处叉住侵害方小臂，同时双方抓握住侵害方手臂，和侵害方贴近，同时上左步至侵害方两腿之间，后撤步180度，己方看后脚跟，转身形成弓步，摔倒侵害方。

要点：上步要在对方刚要发力时，交叉上步时要坚决，动作要连贯，抓握要紧。

要求：适时半段距离，保证上步时机是对方刚刚准备发力时。

第四节　器械的应用

包包的应用

1．包包太长时，应串手上固定。

2．要保证包包抓握方便，可重复发力。

3．若包包上有尖角和金属制品，将其对准侵害方。

抓握包包用力挥向侵害方头部、双眼、面部，劈头盖脸惊醒打击，可重复使用，至和侵害方拉开距离，自卫。

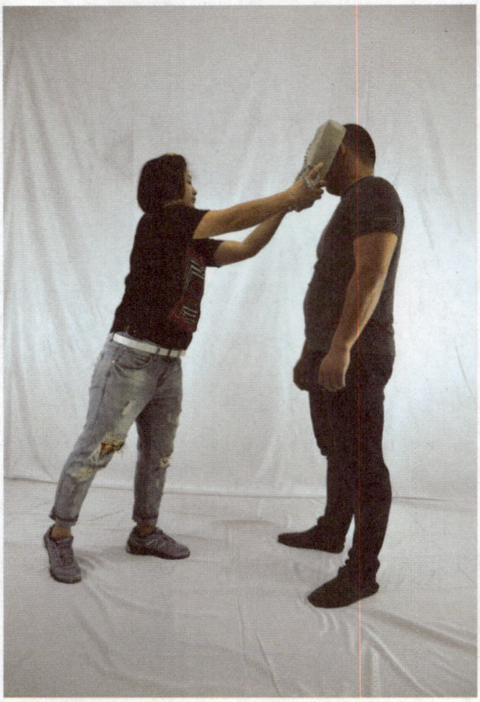

图 5 - 193

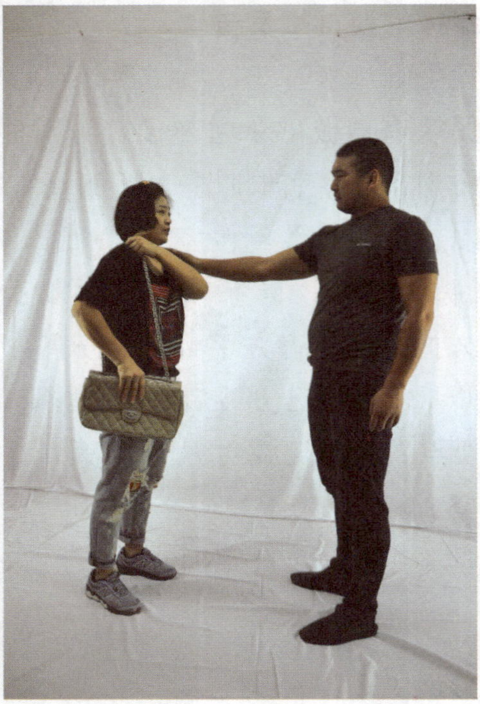

图 5 - 194

图 5 - 195

图 5 - 196

图 5 - 197

图 5 - 198

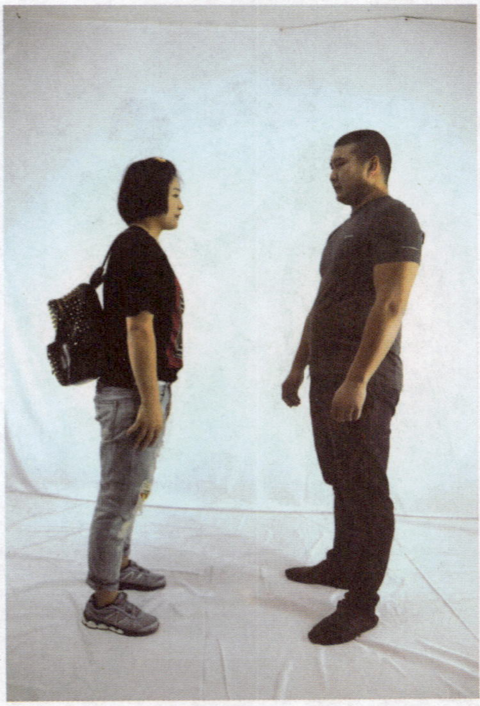

图 5 - 199

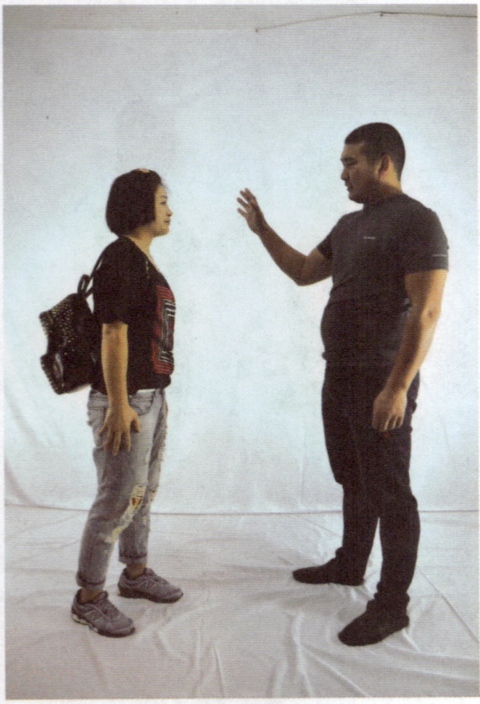

图 5 - 200

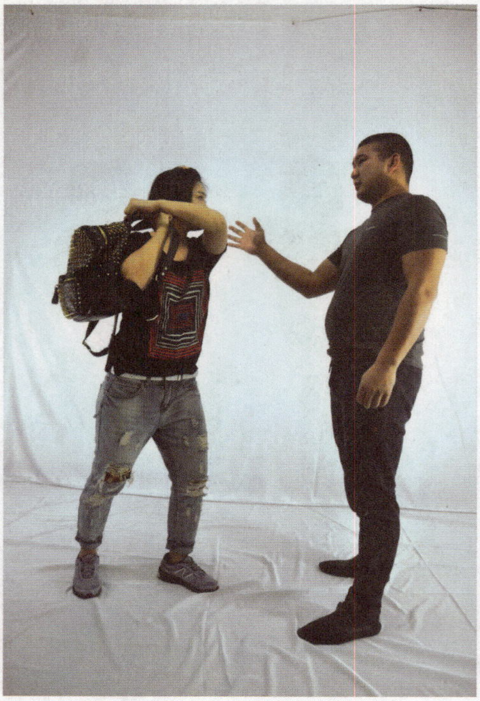

图 5－201

图 5－202

图 5－203

图 5－204

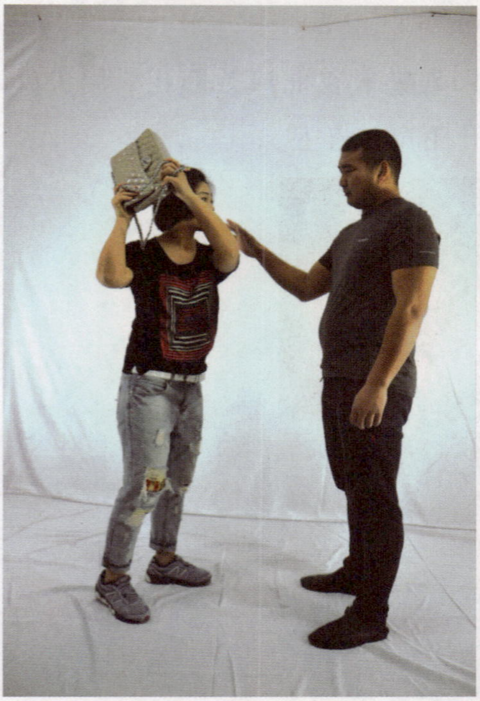

图 5－205

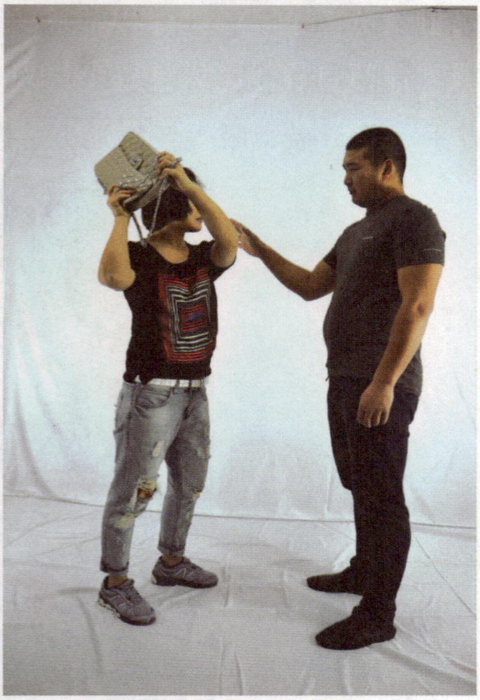

图 5－206

图 5－207

笔的应用

单手抓握笔的时候，笔尖10毫米到15毫米在虎口处露出，用尖处攻击侵害方手、脸、喉、眼等任意地方，拉开距离，自卫。

图5－208 握笔姿势1

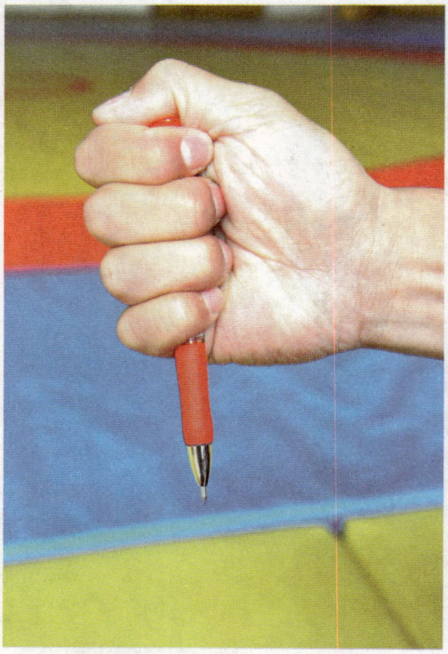

图5－209 握笔姿势2

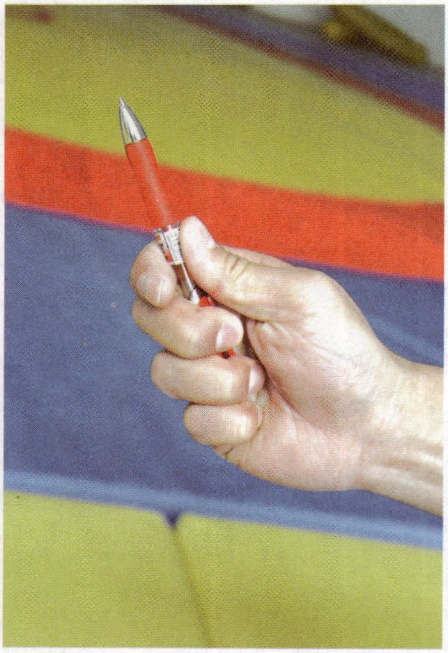

图5－210 握笔姿势3

图 5 - 211

图 5 - 212

图 5 - 213

图 5 - 214

图 5 – 215

图 5 – 216

图 5 – 217

图 5 – 218

图 5－219

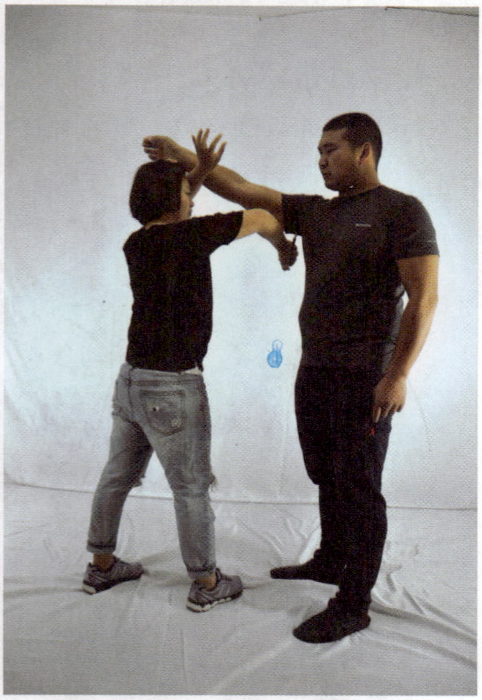
图 5－220

图 5－221

图 5－222

伞的应用

双手抡伞打击侵害方头部、身体、大腿、膝盖等任意地方，拉开距离，自卫。双手抓握伞用伞尖或伞尾击打侵害方眼睛、鼻子、面部任意部位，若伞长可击打喉咙、肚皮、裆部、膝盖 。注意拉开距离，自卫。

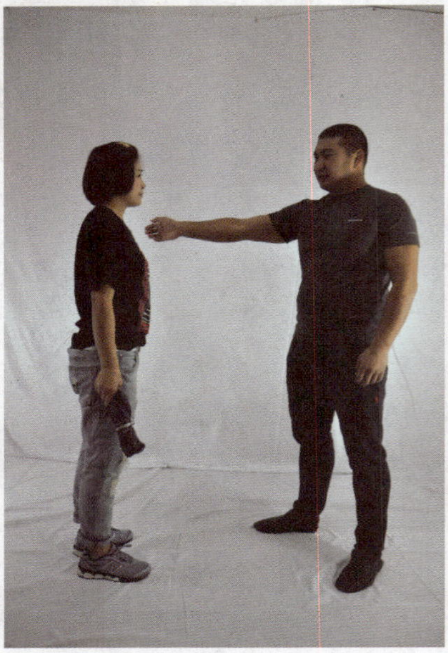

图 5－223

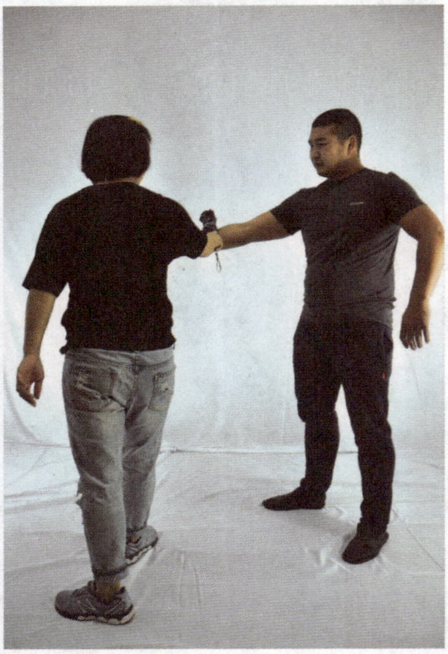

图 5－224

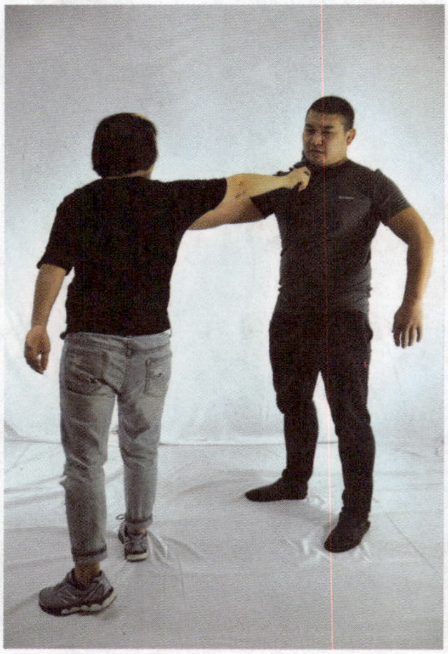

图 5－225

图 5－226

图 5－227

图 5－228

图 5－229

图 5－230

图 5－231

图 5－232

图 5－233

图 5－234

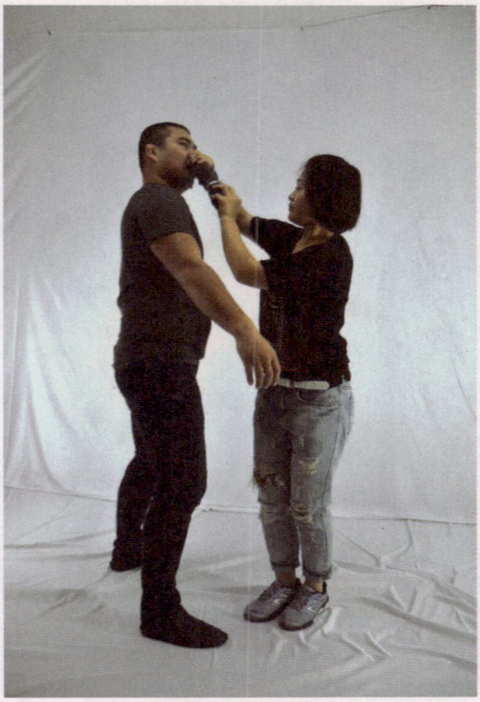

图 5－235

图 5－236

图 5－237

图 5－238

图 5－239

图 5－240

图 5－241

图 5－242

图 5－243

图 5－244

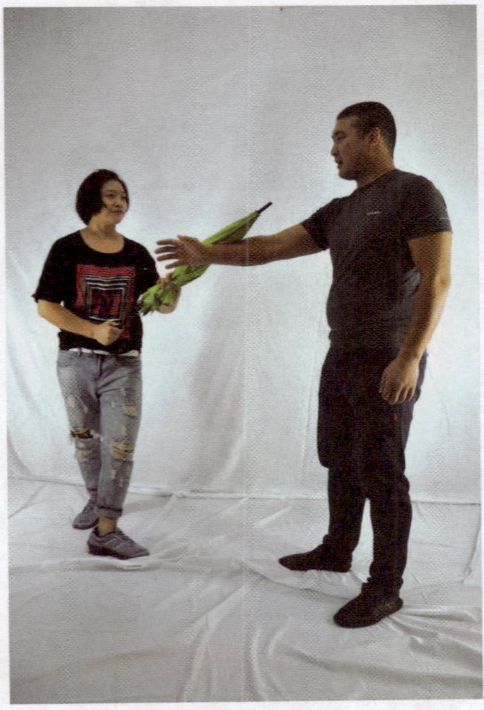

图 5－245

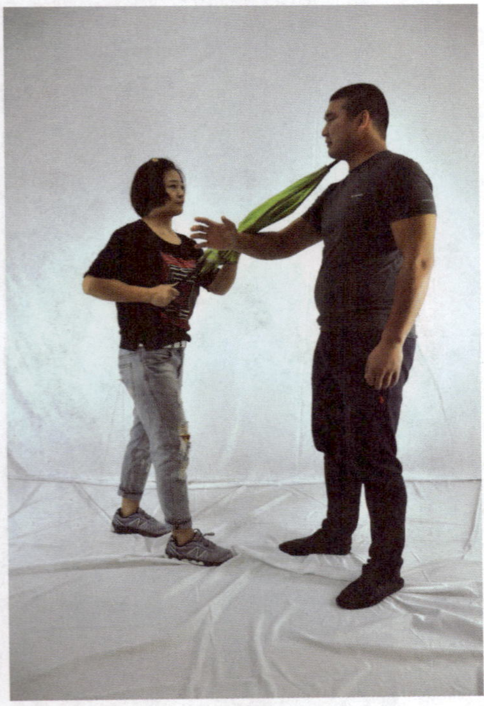

图 5－246

图 5－247

图 5－248

图 5－249

图 5－250

图 5－251

围巾的应用

己方双手各抓一部分围巾，距离不要超肩宽，侵害方手伸向己方时用围巾缠绕侵害方手臂，双手向上高举，己方从单臂外沿，上步转身，双手向怀中抱来，双腿站直，让侵害方从背上摔过去。握住围巾让手上露出的围巾控制在一米内，抖动围巾向侵害方面部、眼睛干扰其视力，保持距离进行自卫，也可干扰时踢其裆部。

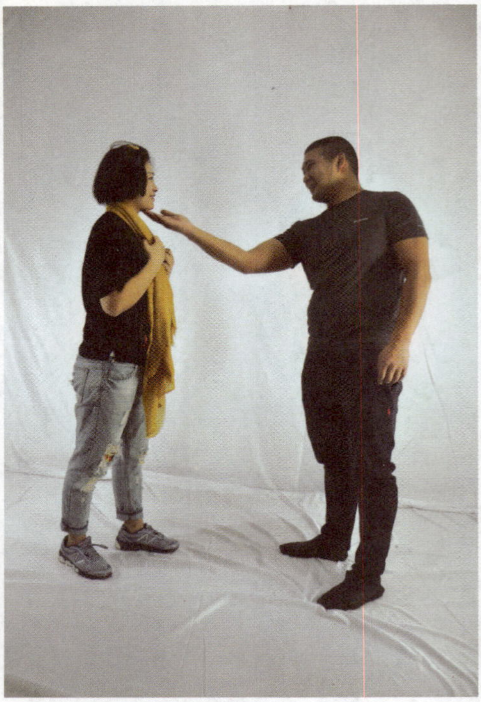

图 5－252

图 5－253

图 5－254

图 5－255

图 5－256

图 5－257

图 5－258

图 5－259

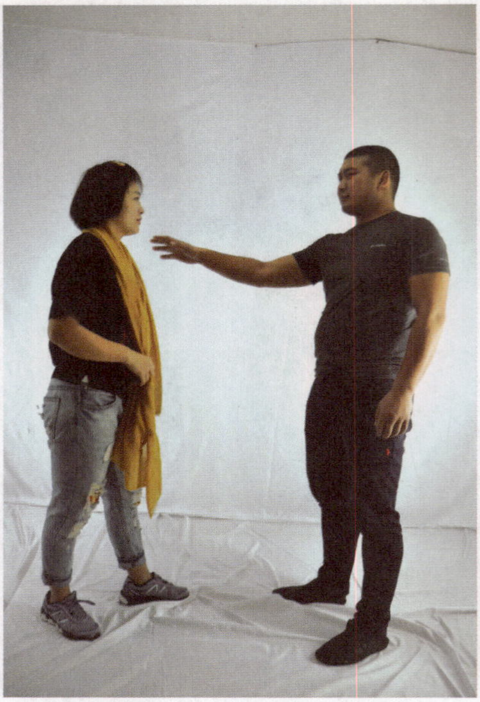

图 5－260

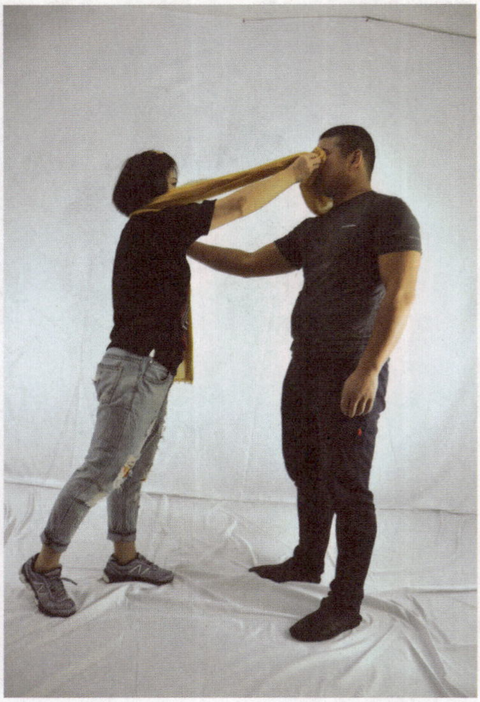

图 5－261

图 5－262

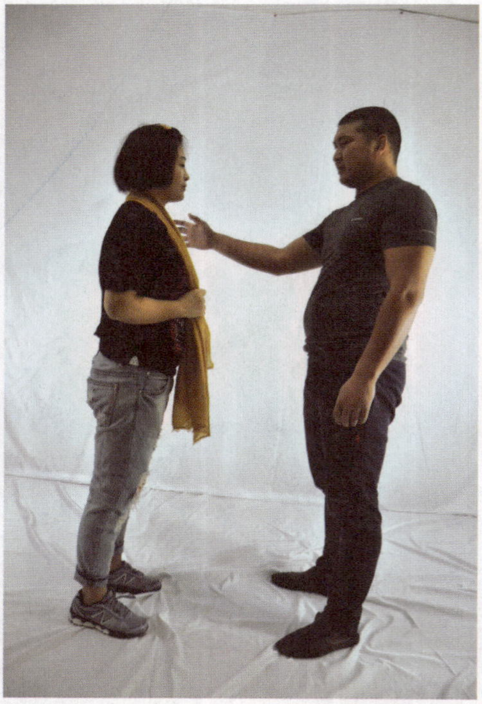

图 5－263

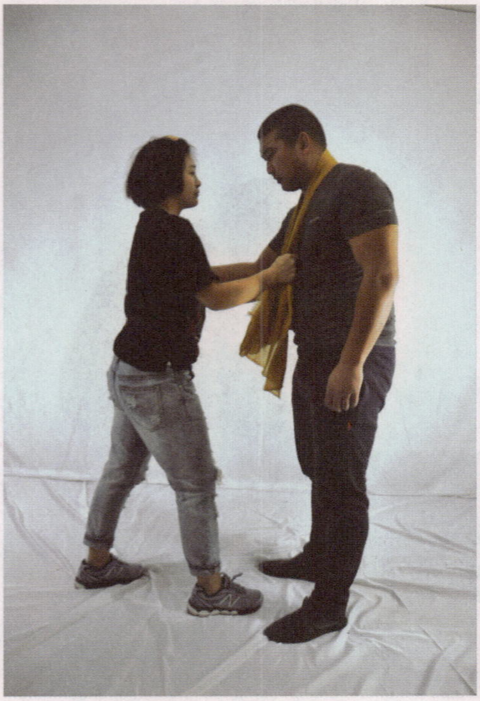
图 5－264

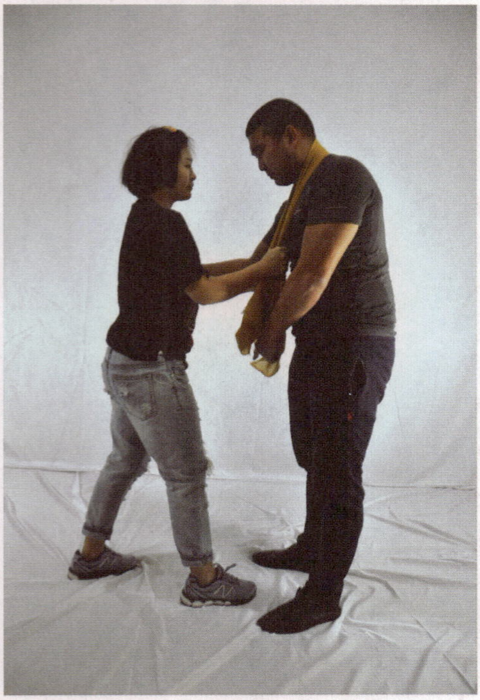
图 5－265

图 5－266

图 5－267

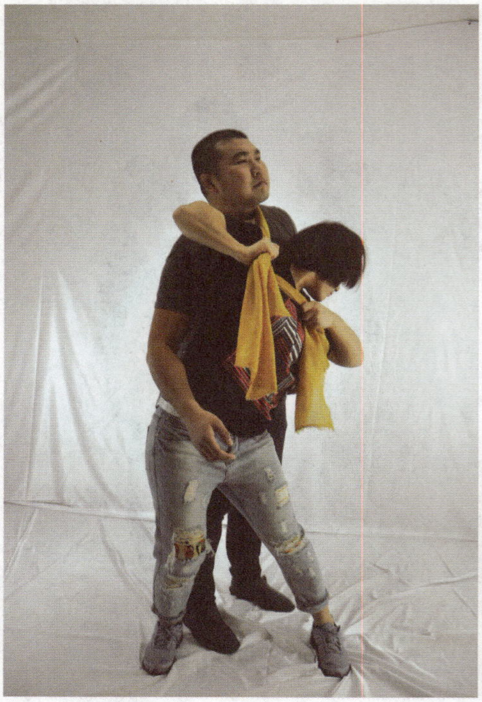

图 5－268

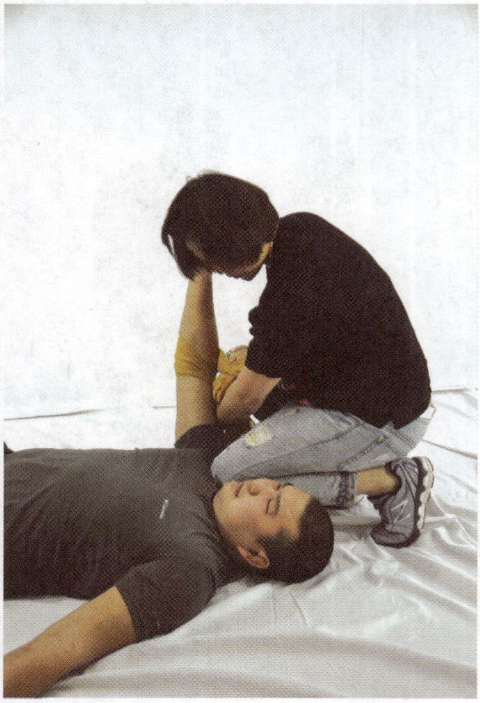

图 5－269

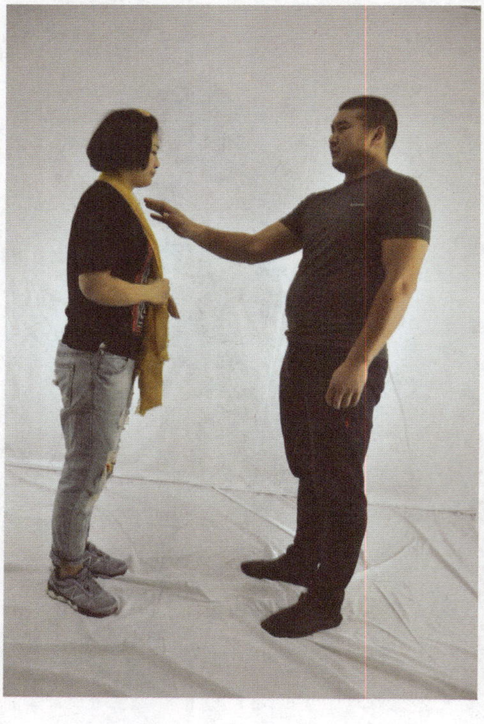

图 5－270

图 5－271

要点：缠绕发力要快，上步转身要稳、狠。

皮带的应用

抓握皮带用皮带尖部、坚硬部抽打、鞭打侵害方面部、头部、身体四肢，保持距离进行自卫，也可像围巾一样缠绕手臂做过肩摔。

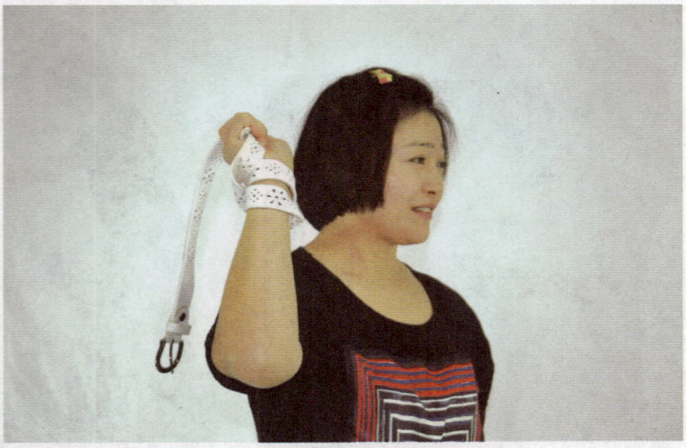

图 5－272

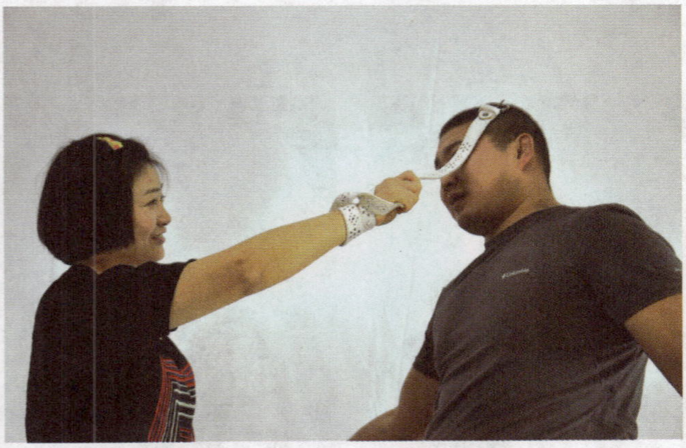

图 5－273

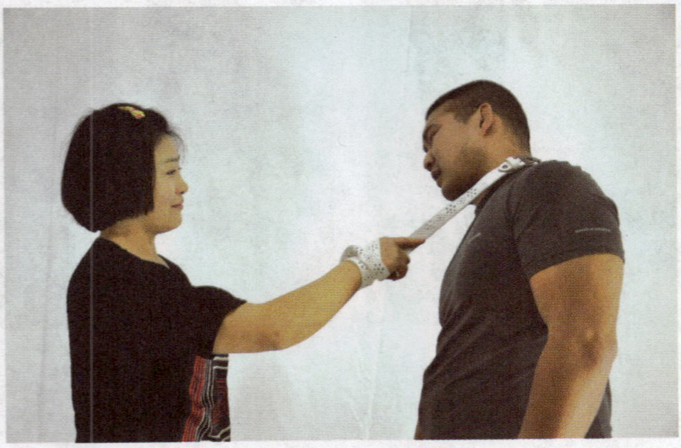

图 5－274

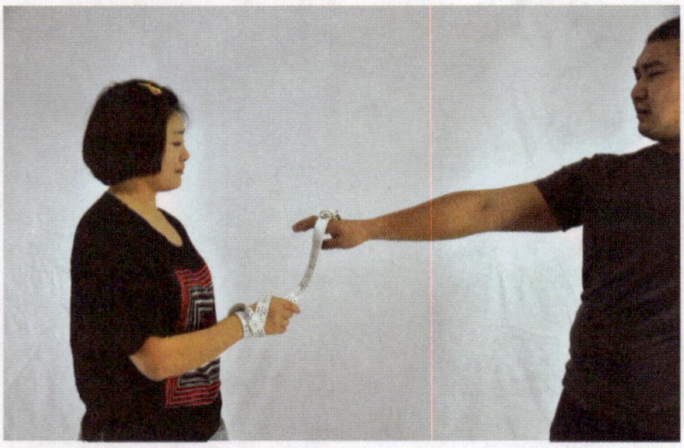

图 5－275

图 5－276

图 5－277

图 5－278

沙土的应用

手握沙要隐蔽，趁对方不注意或放松警惕时，快速把沙土撒到侵害方眼睛上干扰视线迷住眼睛，进行自卫解脱。

水杯的应用

把杯中水泼向对方眼睛，干扰视力迷住眼睛进行自卫，若杯子是坚硬物，泼水后砸向侵害方，也可以当棍子敲击对方的肘、膝盖。砸对方的眼睛、头部、面部进行自卫。

皮鞋的应用

用鞋跟鞋底踩侵害方脚趾头进行自卫。或者脱下鞋子用鞋跟鞋底击打侵害方头部、眼睛、面部、裆部，或对侵害方身体任意部位击打，进行自卫。

图 5－279

图 5－280

图 5－281

图 5－282

图 5－283

图 5－284

打火机：

如果你发现自己被身体强壮的攻击者按住不能动弹，或被他从后面抓住，但有个打火机触手可及，那就用它吧。即使他把你抓得牢牢的，看见火苗也会放开你。一旦你脱身了，就攥住打火机，手握成拳击打攻击者的太阳穴。

打火机握法：

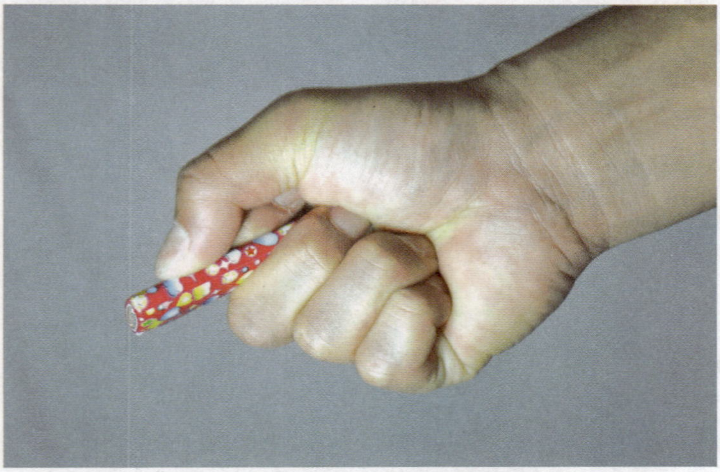

图 5－285　打火机握法 1

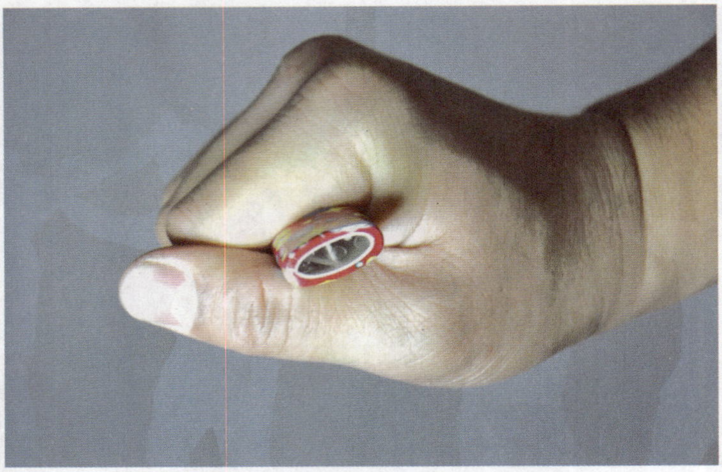

图 5－286　打火机握法 2

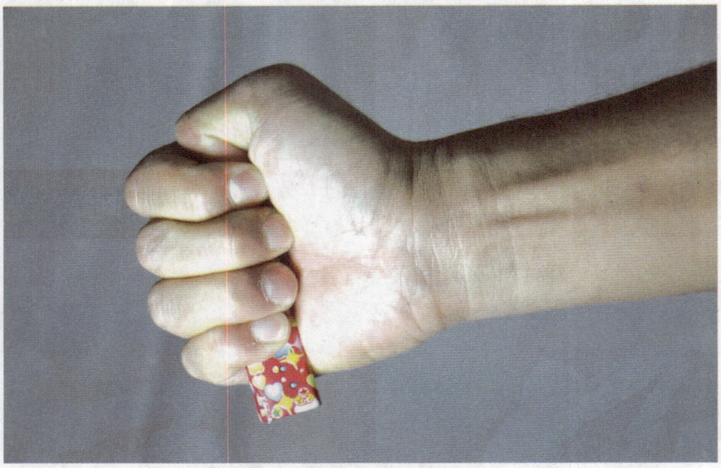

图 5－287　打火机握法 3

打火机攻击：

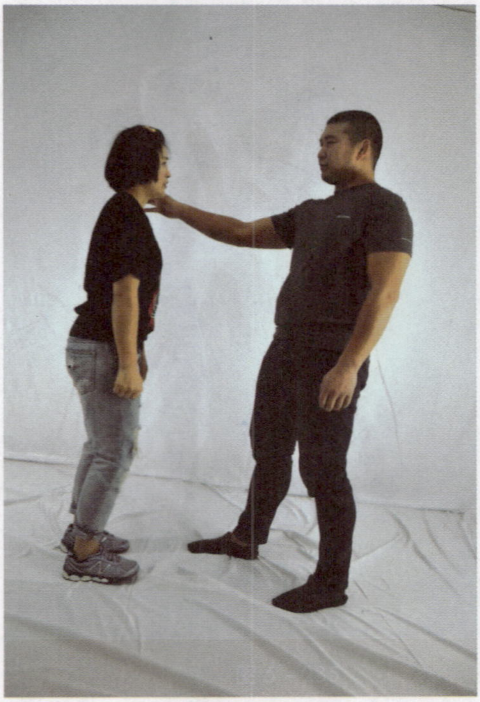

图 5－288

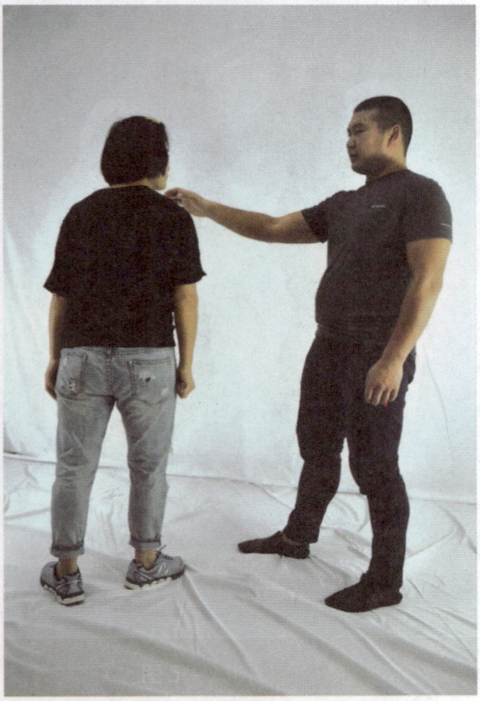

图 5－289

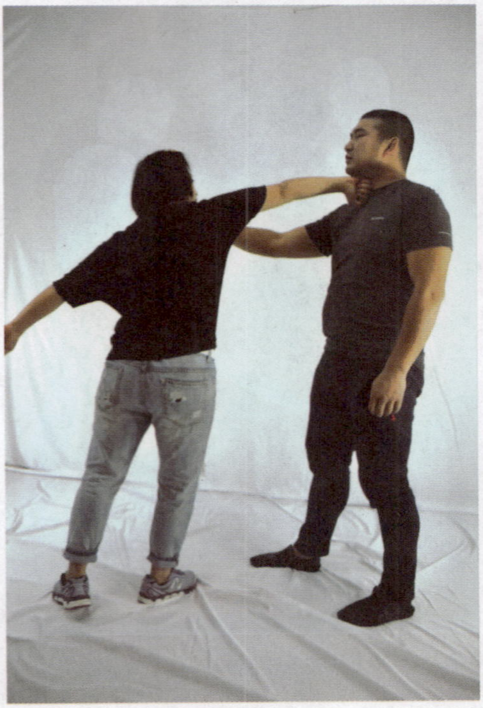

图 5－290

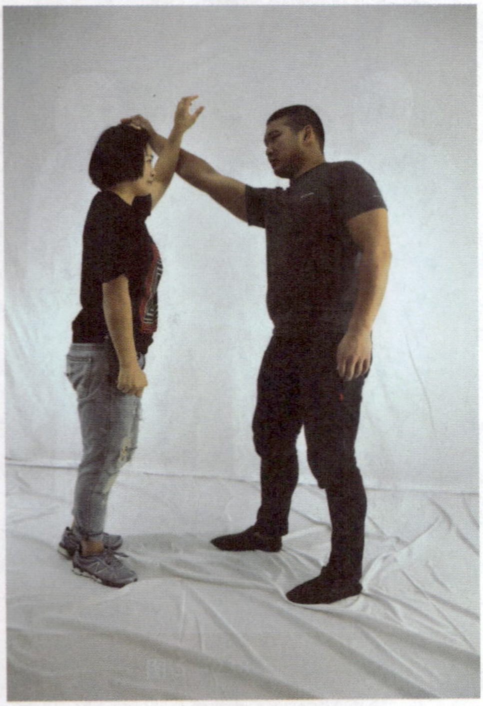

图 5－291

图 5－292

图 5－293

图 5－294

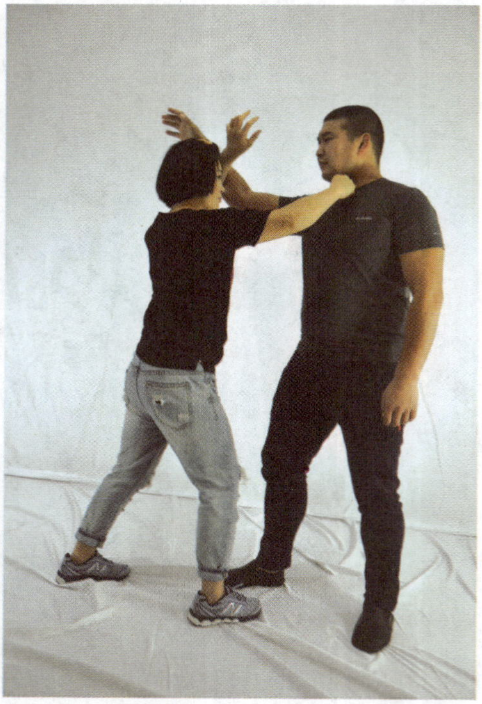
图 5－295

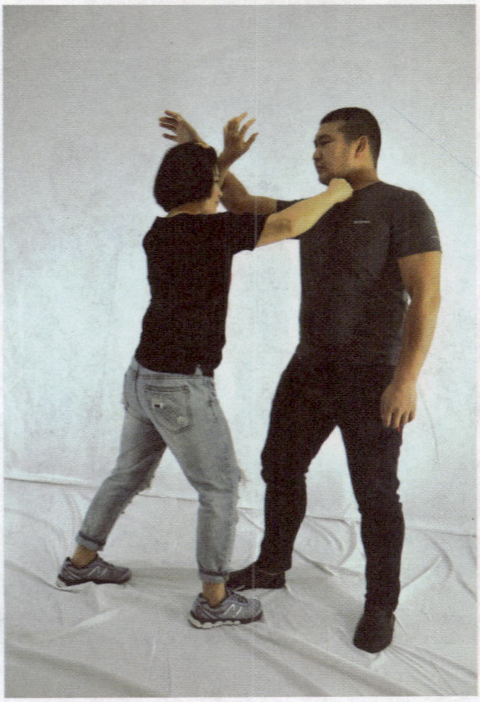

图 5－296

图 5－297

图 5－298

图 5－299

充电器的应用：

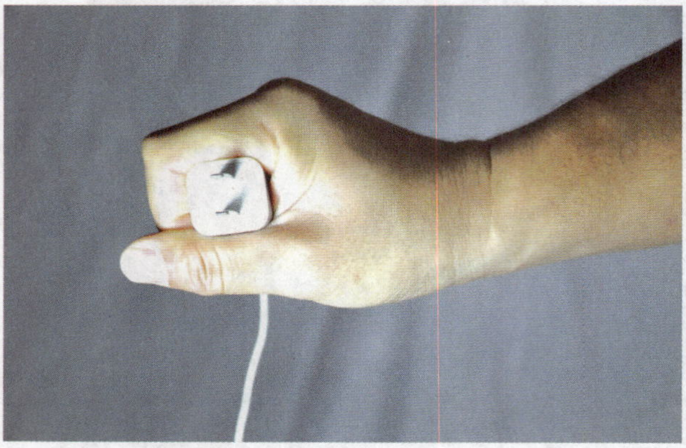

图 5－300

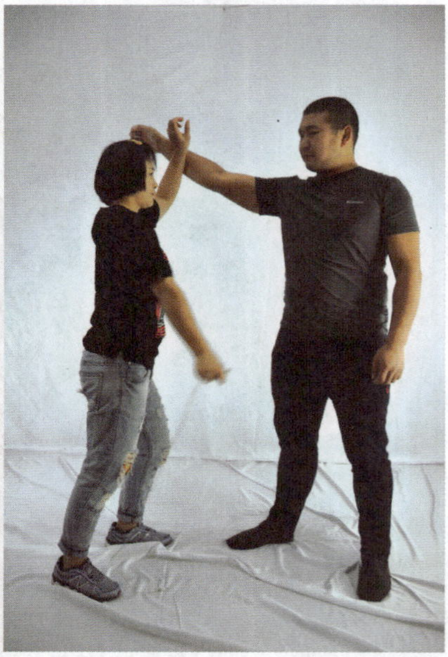

图 5－301

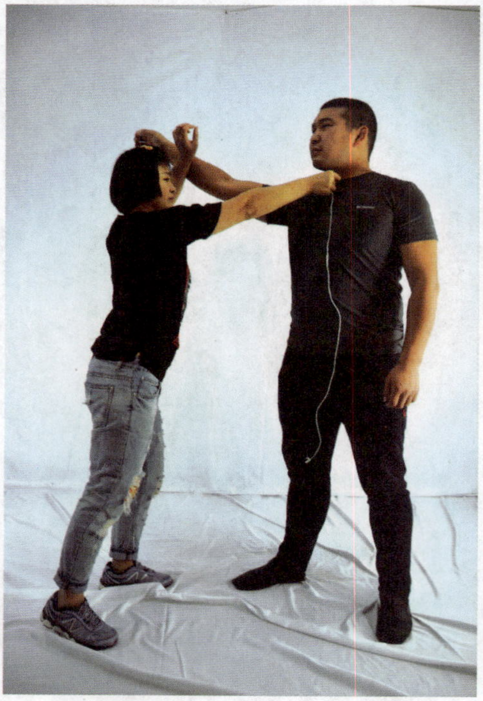

图 5－302

图 5－303

第六章

女子防卫术中身体素质的练习方法及其健身功效

力量素质是人体运动的基本素质，在训练中，三种力量素质在训练中相互促进、相互影响，而快速力量则是主要的联系内容。进行力量训练，能够支配肌肉的神经中枢的技能得到改善，提高神经的过程的强度，增强神经冲突的传递，从而改变神经系统的调节机能。

第一节 上肢力量的练习方法及其健身功效

所有的身体素质练习，最好之前有有氧跑和拉伸，充分活动开关节、舒展肌肉、牵拉韧带。有氧跑和放松肌肉、拉伸韧带有利于身体放松和恢复。

一、抓握练习

抓握不仅可以练习五指的力量，同时对手腕，小臂的肌肉也有刺激。例如抓杠铃片。生活中比如买菜，提袋子。抓单杠蹬腿，转动身体。15 次一组，3 ~ 5 组，间歇 1 分钟。

二、空击练习可以是平行步，双手连击，也可以前后步单击

既可以练习肩手的灵活性，又可以练习上肢各部位的肌肉线条。同时可以练习腰腹和整个身体的协调发力。空击练习 20 次一组，3 ~ 5 组，组与组间歇 30 秒。摸肩 20 次一组，3 ~ 5 组，马步自然下沉，左右手自然放松，相互交叉摸自己的肩膀，组与组间歇 30 秒。双手同时向前，再同时向后，或一前以后以环状运动。让肩的灵活性加强，同时牵拉肩和侧腹肌的肌肉和韧带。肩绕环 10 次一组，3 组，组与组之间 20 秒。振臂 20 次一组，3 组，组与组之间 20 秒。引体向上 10 次一组，3 ~ 5 组。双手互拉 20 次一组，3 ~ 5 组，间歇 1 分钟。两个人面对面马步下蹲一人双手向上，一人双手向下放在对方手上，手成钩状，快速互拉。

第二节　下肢力量的练习方法及其健身功效

蹲起。手臂平推出去，腰腹收紧，慢蹲快起。练习腿部肌肉和腰腹线条同时又瘦手臂。蹲起 20 次一组，3 ~5 组。间隔 1 分钟。

蹲跳摸高。要求蹲下去，起来时脚腕、膝盖、腰腹、手臂展开成一条直线。蹲跳 20 次一组，3 ~5 组，每组间歇 1 分钟。

盘腿练习。右脚脚跟踢左腿的裤袋口处，同时左脚脚后跟向外滑动成 45 度。20 次一组，3 组，组与组间歇 1 分钟。

弹腿练习。用腰腹力量带动大腿，支配小腿，脚尖绷直。10 次一组。3 ~5 组，间歇 1 分钟。

上步蹦子。上步一手假装抓对方的手臂，另只手抱头或腋下，背步用臀部贴近对方的髋部同时屈膝发力。20 次一组，3 ~5 组，间歇 1 分钟。抖腿 20 次一组，3 组，间歇 30 秒。

正蹬腿练习：腰部发力带动大腿，小腿，力达脚跟。10 次一组，3 组，间歇 30 秒。

第三节　腰部力量的练习方法及其健身功效

举腿练习。躺在床或垫子上，双腿举起向左右和前方下落控制腿不碰到床或垫子，抬起。连续做尽力而为。3 ~5 组，间歇 30 秒。

背肌练习。趴在垫子或床上，控制胸部以上和髋部以下不碰触垫子或床，可以选择静止或者快速摆动。30 次一次，3 ~5 组，间歇 1 分钟。

侧腹肌练习。站立一手摸后脑，一手提矿泉水或杠铃片，向提东西的一侧尽力弯曲。20 次一组，5 组，间歇 1 分钟。

转体练习。可以抱物体或者杠铃片，双脚与肩平行站立往左右转动 90 度。20 次一组，5 组，间歇 1 分钟。

第四节　循环小力量练习和综合素质练习

1. 平推+蹲起+甩片+蹲踢+弯举+高抬腿（每个小项10~20秒，根据个人能力快速完成，中间不休息）

图6-1

图6-2

图6-3

图6-4

图 6－5

图 6－6

图 6－7

图 6－8

图 6－9

图 6－10

图 6－11

图 6－12

图 6 – 13

图 6 – 14

图 6 – 15

图 6 – 16

图6－17

图6－18

图6－19

图6－20

2. 里外撑跳＋腹肌＋俯卧撑＋背肌＋前后蹬腿＋高抬腿（每组 20～30 秒，快速完成，中间不停歇）

图 6－21

图 6－22

图 6－23

图 6－24

图 6－25

图 6－26

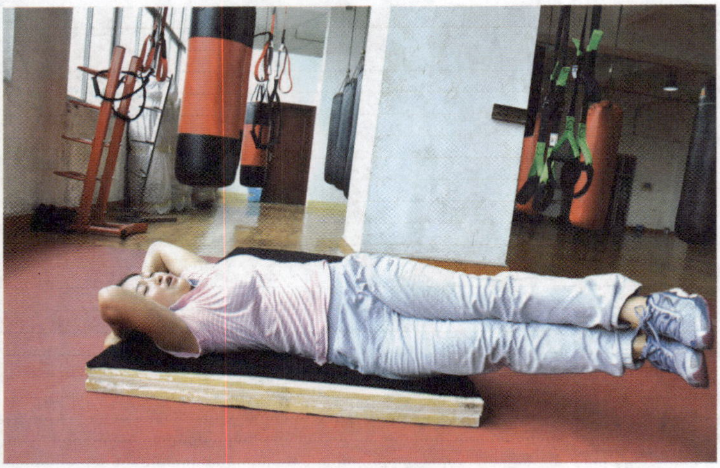

图 6－27

图 6－28

图 6－29

图 6－30

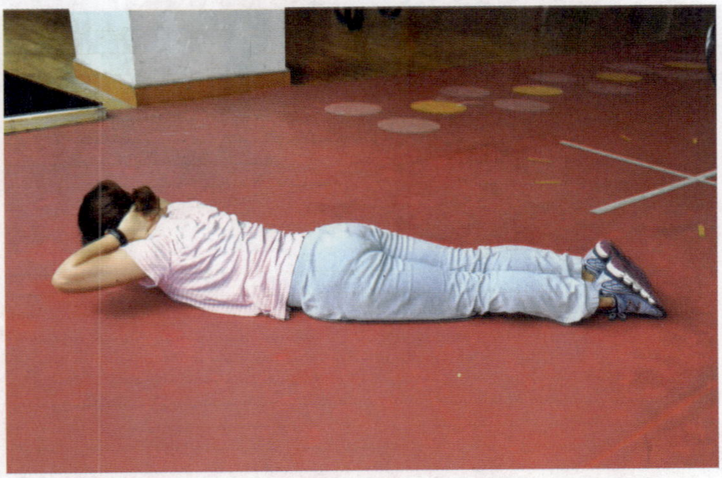

图 6－31

图 6－32

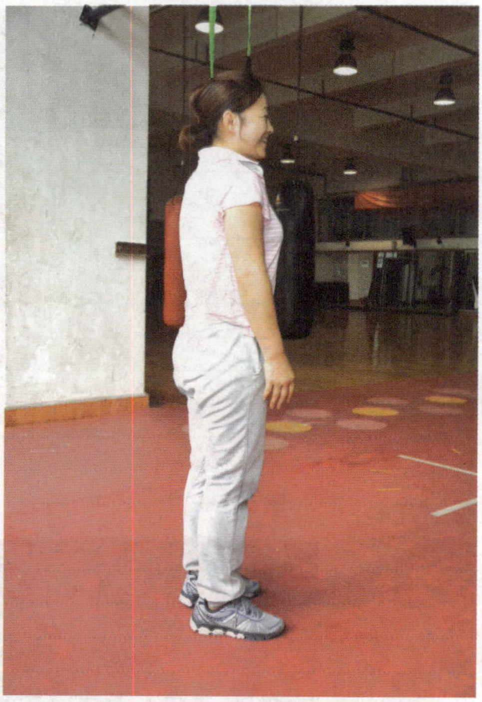

图 6－33

图 6-34

图 6-35

图 6-36

图 6－37

图 6－38